ちょっと想像してみてください。

突然、「手をつないでいい？」
と言われたら…

自信をもって
ＯＫを出せますか？

「私の手だと、無理」
「手荒れしてて、恥ずかしい」

そう感じて、手を
隠したくなった方は
いませんか？

でも、大丈夫。
自信は、
取り戻せます。

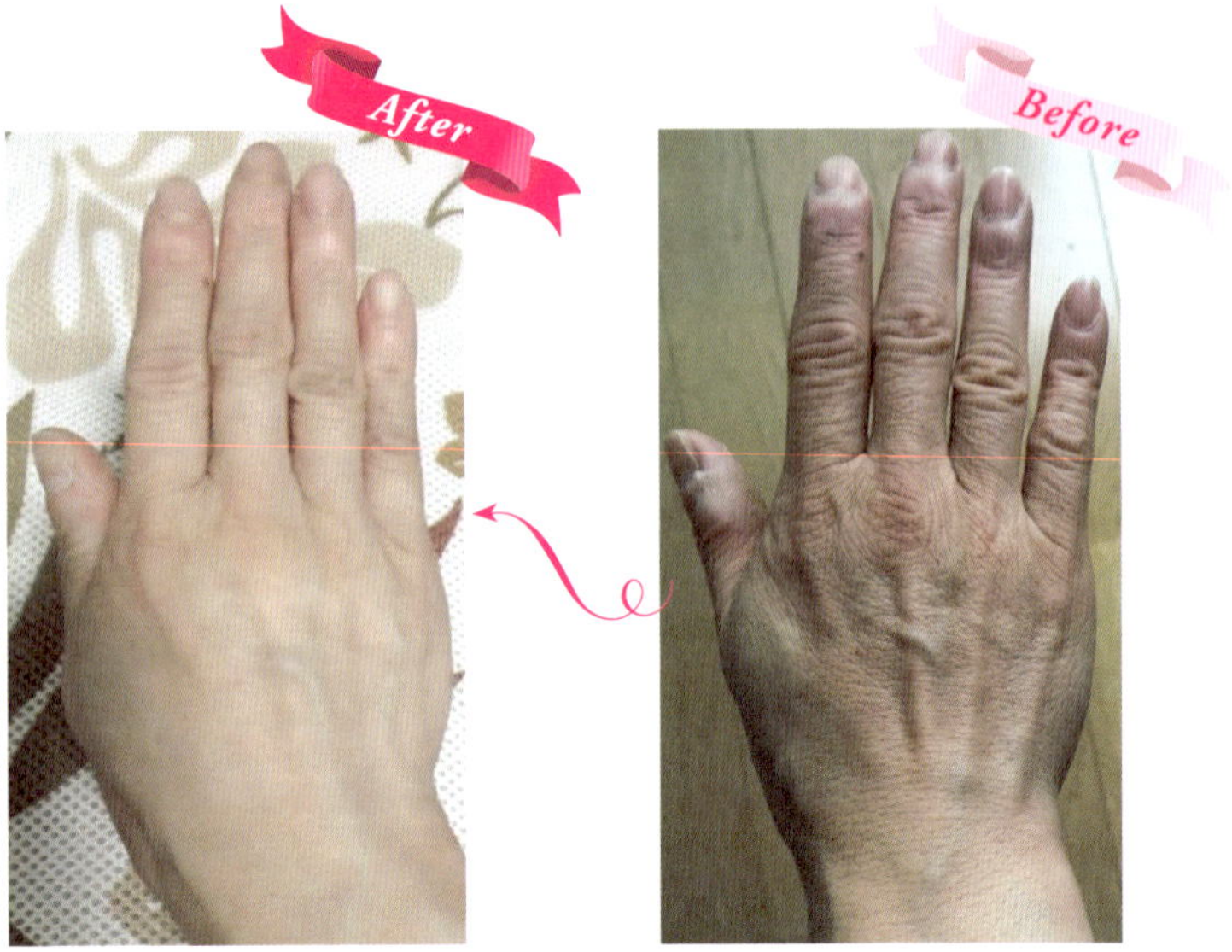

この女性（S子さん）の体験談は6章に…

「美しい手」がすべてを引き寄せる

Ultimate Hand Beauty Guide

日本ハンドビューティー協会 代表理事
加藤由利子

青春出版社

はじめに――「もう年だから仕方ない」とあきらめないために

もともとネイリストだった私が、女性の「手肌」そのものの美しさに関心を持ち始めたのは、今から10年ほど前にさかのぼります。

当時、私は、26歳でネイルサロンをひらき、自分で店舗を経営しながらネイルの施術もおこなっていました。

ある日、50代のお客様が来店したときのこと。

カウンセリング中に「お爪の状態を拝見しますね」と声をかけたところ、お客様が、**「オバサンの手で恥ずかしいわ……」**と言いながら、両手を差し出してきたのです。

ネイルサロンに通う女性の多くは、「爪」を美しく飾ることを目的に、ジェルネイルなどの施術を受けます。

しかし一方で、自分の「手肌」そのものにコンプレックスを抱え、その劣等感をネイルの輝きで補おうとしているお客様も多いのではないか。

その50代のお客様の声には、**「手のシワやくすみが気になる。できれば隠したい。でも、それは難しいから、せめて爪（ネイル）だけでもきれいにしていよう」**という気持ちが潜んでいるのではないか。

そう気づき始めた瞬間でした。

これを機に、多くのお客様と対面するなかで、とくに40代以上のお客様に、手肌コンプレックスの傾向が強いと感じるようになりました。

また、そのころの私は、自分自身にもトラブルを抱えていました。

当時の私は、会社の規模を大きくすることしか考えず、自分の健康管理は二の次……。日々の忙しさとストレスから体調を崩し、病院で「うつ病」「摂食障害」と診断されました。体温は35℃台まで落ち、常に顔色が悪く、手の表面も冷えた状態。体重は3か月で15kg増え、不眠症で、大量の睡眠薬と安定剤に頼る日々が続きました。

月経は止まり、医者から「将来、妊娠するのは難しいかもしれない」とまで言われました。

ちょうど、そんなころです。ネイルの施術中にお客様から、「あなた、すごく手が冷たいわね」と言われたのは……。

大きなショックを受けたものの、ごもっともな指摘でした。手が冷えているのはもちろん、爪の生え際にささくれができ、手荒れがひどく、爪がボロボロの状態であることを隠すために分厚いジェルネイルをしていたのですから。

こんな自分が美容の仕事をしているなんて……「私のほうこそ恥ずかしい」と感じた瞬間でした。

それ以来、私はネイルよりも「手肌」そのものが美しい女性に憧れるようになり、手肌のアンチエイジングの勉強を始めるようになりました。

多くのお客様との対面と勉強を重ねていくなかで、女性たちには2つの大きな共通点があると気づきました。

まず、服装や化粧でどんなに若作りをしても、**手には年齢が出る**、ということ。

そして、**手肌が美しい女性は、年齢問わず、全身に若々しい雰囲気をまとい、凛《りん》としている**、ということです。

手肌の美しさを保つには、手肌だけにアプローチするのではなく、からだ全体の若返りと健康が必要なのではないか。

そう考えて、まずは自分自身の体質改善をおこなうことにし、食事・運動・睡眠・生活習慣を、徹底的に見直しました。これにより、手肌だけでなく、全身の肌まで白さとつや、透明感を取り戻していきました。

また、大量の睡眠薬や安定剤を飲むことはなくなり、体重は17kgの減量に成功、体温は37℃台にまで上がり、月経周期も安定しました。

「全身の美と健康を手に入れた」と、自信をもって言えるようになったのです。

最初にネイルサロンをひらいてから約10年間、計6店舗のサロンを経営。約2万人の女性の手肌を見てきたなかで、たくさんの気づきを得ました。

現在は「日本ハンドビューティー協会」を設立し、日本初の「手肌の若返り」の専門家として、手の老化に悩む女性に、ハンドケアの方法を教えています。また、講座だけでなく、全国に手肌の若返りの指導員を育成しています。

自分に自信がなく、引っ込み思案だった私が、今では大勢の人の前で、自分のつらい過去や、そこからどうやって美しさを手に入れ、自信を取り戻したのかなど、堂々と話しているのです。

年齢を重ねた手肌は、つやがなくなり、シミやシワが増え、手の甲は血管が浮き出て、指の関節は曲がり、ゴツゴツしてくる傾向にあります。

50歳前後になると、指の関節が曲がって痛みを感じる方が増えます。病院に行っても「年だから仕方がない」と言われ、あきらめている女性も多いようです。

こうして「もう〝オバサン〟だから、老化は仕方ない」とあきらめかけている女性に、私は自信を取り戻してほしいのです。

手の老化を招いている本当の原因は何か。どういう対策ができるのか。

また、手肌が美しくなると、全身も若返り、自信が持てる。

健康的な姿で、生き生きと暮らしていくことができる。

自分も周りの人も愛せるようになる。

そういったことを伝えていきたいと思っています。

本書では、手の老化のしくみや、体質別の対策、お悩み別の具体的なケアなどを「手肌の若返り」の専門家としての視点から、経験や具体例をまじえてお伝えしていきます。

いま、自信を失ってしまっている女性に、少しでも参考にしていただければ幸いです。

「美しい手」がすべてを引き寄せる

目次

第1章　なぜ、手がきれいになると人生が変わるのでしょう？

第2章 どのように手は老化していくのでしょうか

第3章

徹底スペシャルケア！

手肌が若返る1週間プログラム

第4章

お悩み別 マイナス5歳をかなえるハンドケア

第5章 自宅で、オフィスで… いつでもどこでも"ながら"美ハンド・エクササイズ

第6章

こうして人生は変わっていく

――「手肌の若返り」体験者インタビュー

帯 写 真　IvaFoto/Shutterstock.com
本文写真　Drobot Dean、Andrew Bayda/stock.adobe.com
Mikhail_Kayl、Aleona/Shutterstock.com
その他写真は著者提供
本文イラストレーション　ミヤモトヨシコ
本文デザイン　浦郷和美
本文DTP　森の印刷屋
編集協力　関根利子
企画協力　潮凪洋介

「手肌の若返り」体験談

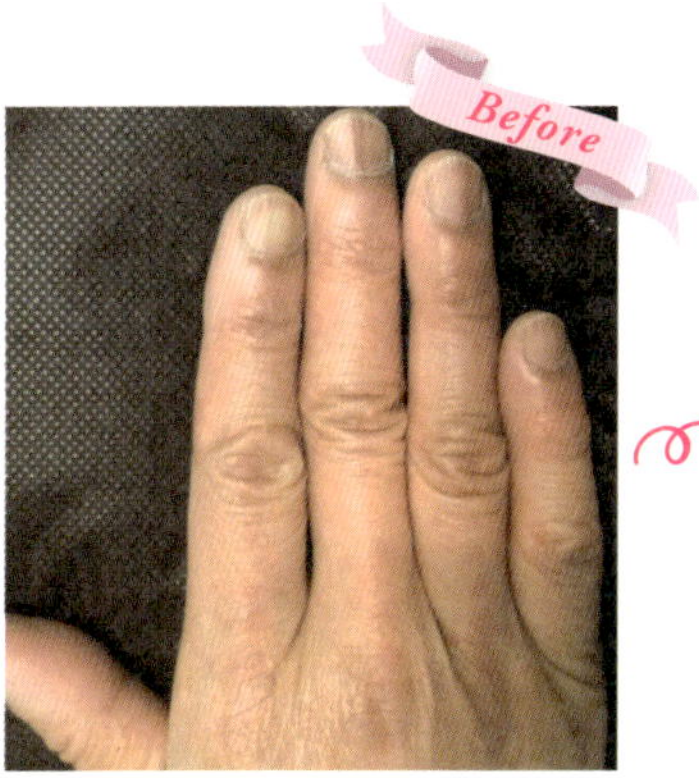

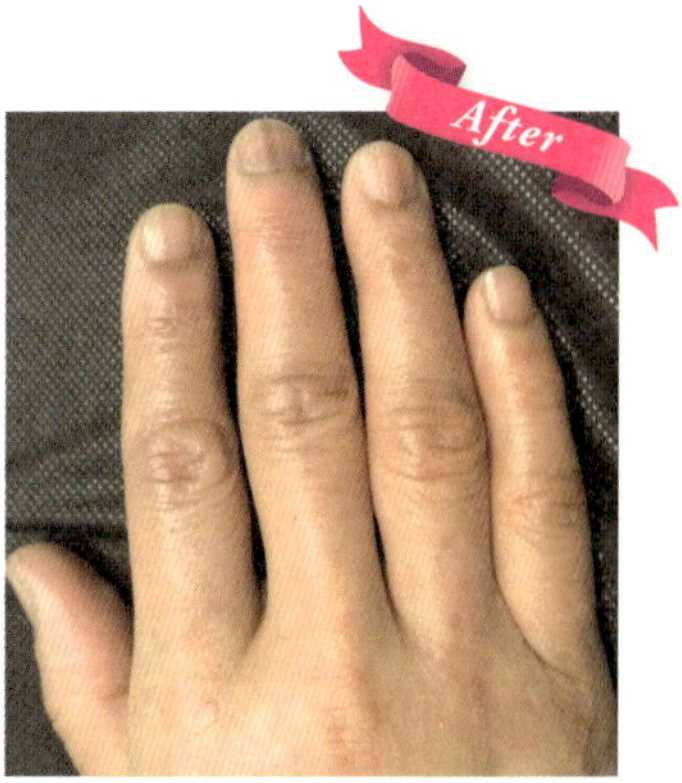

56歳。手のゴツゴツ感、くすみ、乾燥などに悩んでいた。食と運動習慣を変え、夜はお風呂でコスメケアとハンドマッサージ。

→ 6か月後、手肌が柔らかくなり、ゴツゴツ感が目立たなくなった。

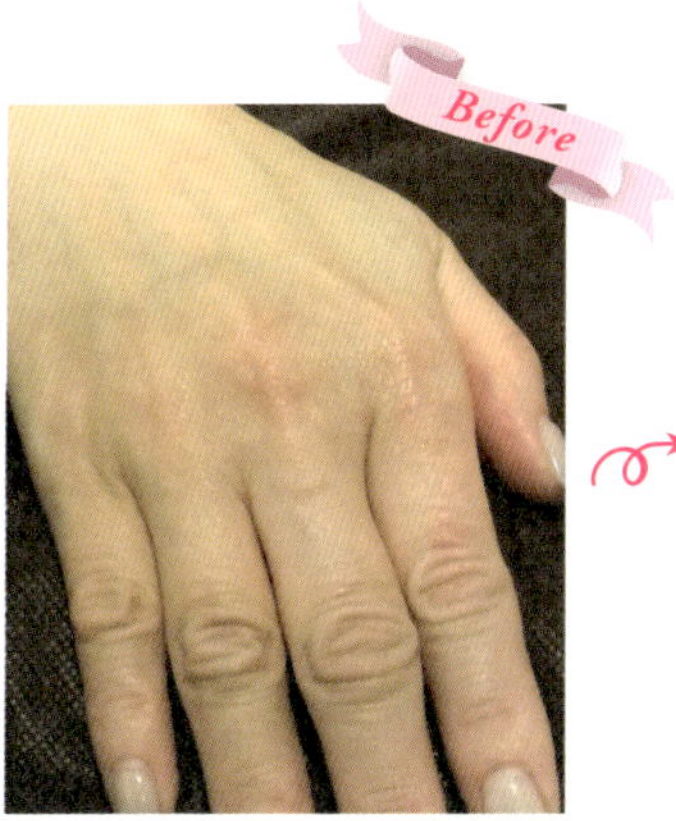

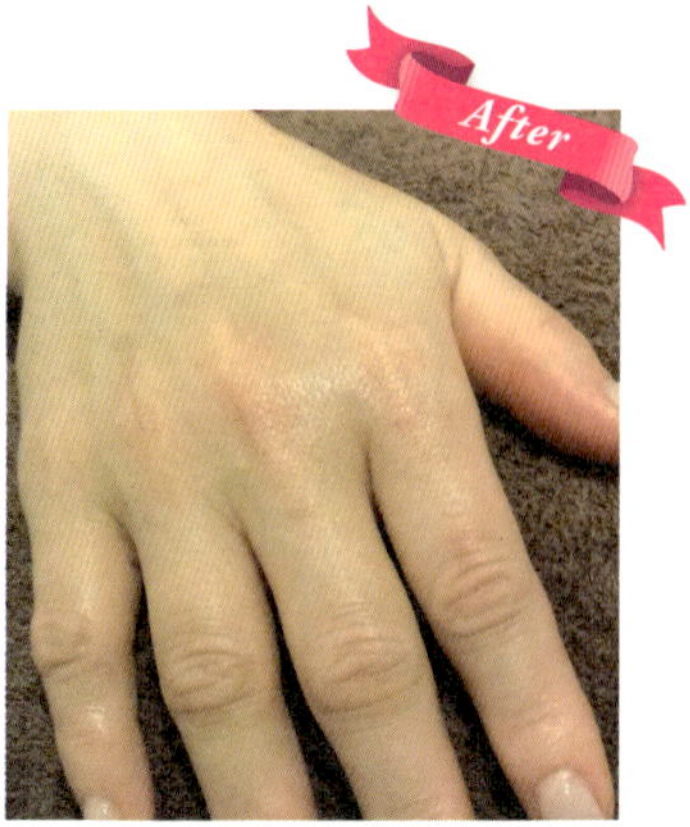

45歳。急に体重が増えたのが悩み。「手から全身が若返る」という点に興味を持った。

→ 6か月後、体重4kg減。「顔が小さくなった」と周りから言われる。手肌のくすみがとれ、明るくなった。

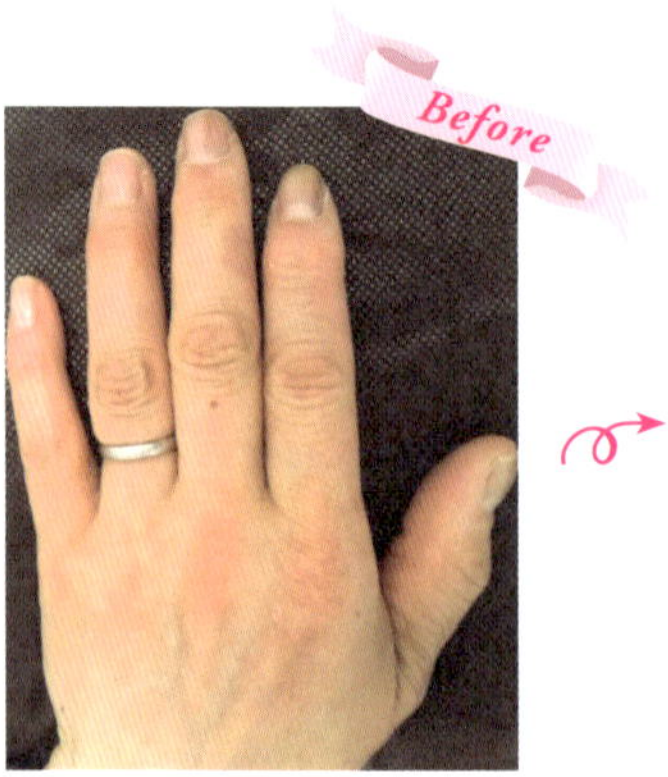

58歳。保育士。日焼けや手肌の乾燥、手荒れが気になっていた。園児から「おばあちゃん」と呼ばれてショック。

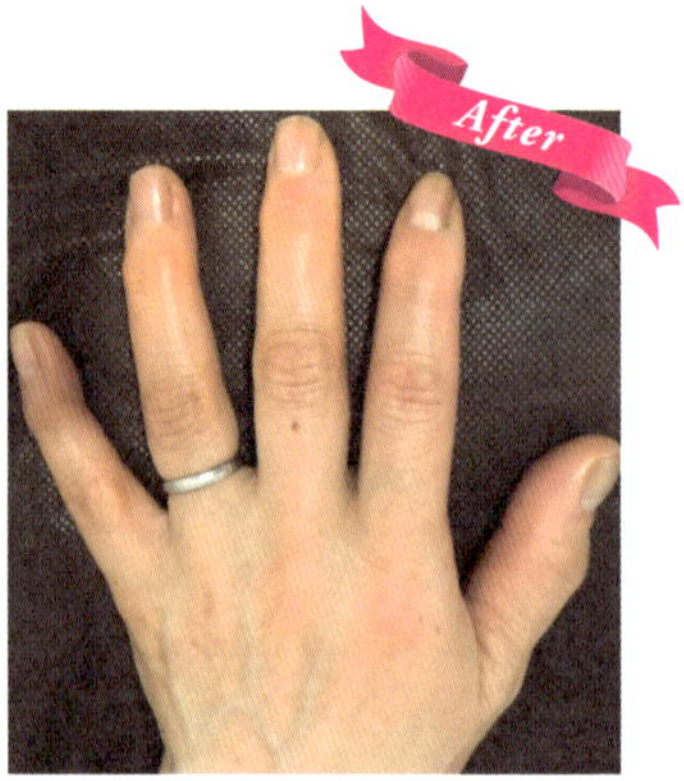

➔6か月後、手のササクレ、乾燥が改善。ツヤが出て爪の色がきれいになった。

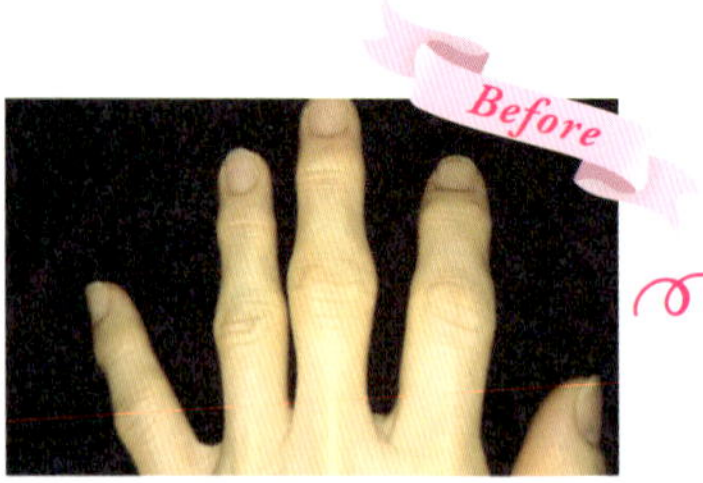

56歳。指の関節の腫《は》れ、痛みに悩んでいた。一番ひどい時期の写真は恥ずかしくて撮ってない。

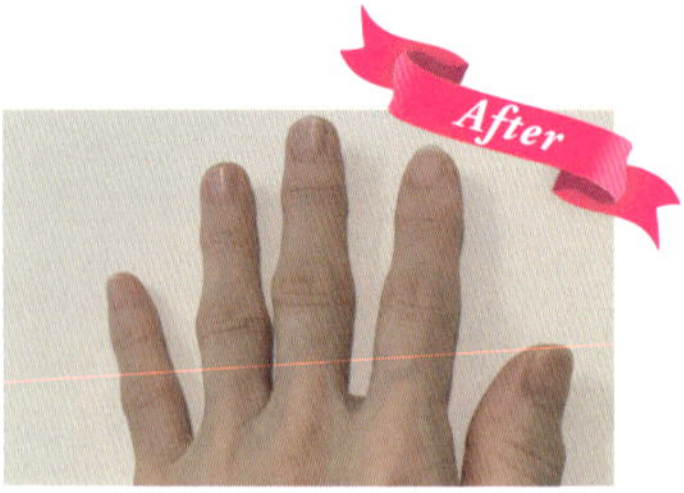

➔1年後、関節がすらっとした。この女性（福井満子さん）の詳しい体験談は第6章に…

第 1 章

なぜ、
手がきれいになると
人生が変わるのでしょう？

「手」は顔ほどにものを言う

どうして「手」なの？　――そう感じた人もいるかもしれません。

きれいを目指すなら、まずは化粧や髪、ファッションなどに目を向ける人が多いのではないでしょうか。

しかし、その人の美意識があからさまに映し出されるパーツ、それが「手」なのです。そればかりか、「手」からはその人の性格、生活感、経済状況、職業さえもうかがい知ることができます。

ちょっと想像してみてください。**手肌はもちろん、爪の先まできれいにしている女性**を見ると、細部にまで気遣いの行きとどいた高い美意識を感じるでしょう。

では、逆はどうでしょうか。ファッションや髪型はキマッていても、ふと目に入った手が荒れてガサガサだったら、どう思いますか。

手荒れの要因はいろいろありますが、水仕事をする際にゴム手袋をはめるかどうかでも変わってきます。「面倒くさいから」と素手で洗い物をしていれば、当然、手肌はカサカサになってきます。また、そのカサカサの手肌をケアせず放置していたら、そこに美意識と性格が出ます。さらに、ふだん使っている洗剤の成分が、天然由来のものか否かでも荒れ方は変わってくるでしょう。つまり、手荒れから、その人のガサツな性格や経済状況などがうっすらと浮かび上がります。

また、仕事の種類によっても手肌は影響を受けます。スーパーマーケットのような冷房の効いた環境で働いている人は、からだが冷えて、乾燥しがちです。外を歩く機会の多い仕事に就いている人は、長時間、紫外線にさらされています。顔には万全のUV対策をしていても、手はおざなりになりやすいもの。それが積み重なって、年齢の割にシミやシワの多い手肌をしているケースが見受けられます。

このように、手肌の状態から、その人の生活環境や職業までも透けて見えたりするわけです。さらに、体調が悪いとささくれができやすくなるなど、見る人が見れば、健康状態さえもわかってしまいます。

そして、手肌の状態がよくないと、手の動きも美しさを失うことを忘れてはいけません。厳しいようですが、「手」そのものに気を遣っていない人は、手の動きにまで気が回りません。たとえば手で口もとを隠さずに、大口をあけてガハガハ笑うなど。**手に気を遣っているからこそ、手の動きにもそれがあらわれる**のです。

こうして考えていくと、手は雄弁であり、正直な表現者であるといえるのです。

久しぶりの同窓会で…手は、驚くほど見られている

私は仕事柄、周りの人の手を必ず見るくせがありますが、自分の手肌には無頓着な人でも、他人の手肌は視界に入れたりするものです。

なぜなら、「手」は、自分と相手の状態を比べる、最適な判断材料だからです。

たとえば、数年ぶりの同窓会で、同年代の女性同士が集まったとします。おそらくだれもが、相手の顔や服装、スタイルなどを瞬時にチェックするでしょう。肌つやもよく、スタイルも維持し、髪型も服装もキマッている相手には、「素敵だな、若々しいな」と思い、少し気後れした気分になります。

ところが、その人の「手」を見て、手荒れやシミ、くすみ、シワ、血管浮きなどを

発見したとたん、「手は自分のほうがきれいだし、若々しい」と、気持ちが軽くなるのではないでしょうか。

いい／悪いではなく、女性にはこのように**「相手より自分のほうが上だと思える部分を発見したい」という「マウンティング」の心理**があるように思います。その際に重要な材料となるのが、「手」です。

また、だれかとの比較ではなく、自分自身が手を通じて、現在のリアルな自分を知るという側面もあります。

以前、40～50代のクライアントさんが集まって座談会をおこなったとき、みなさんが**「自分で自分にOKを出したい」**とおっしゃっていたのが、とても印象的でした。自分がもうすでに若くないことは自覚していて、特に何をしてきたということもないまま今の年齢になった。けれど、まだあきらめたくない。何か資格を取りに行ったり、化粧のレッスンに通ったり、ダイエットをしたりするのは、自分でOKを出したいからだ、というのです。

つまり、「自分の年齢は受け入れているけれど、年齢相応には見られたくない」「必要以上に若く見せたいわけではなく、ただ、自分にOKが出せるようなものを持ちたい」ということなのでしょう。そんなとき、**自分を表現する「手」というのは、かなり重要な要素**だといえますし、だからこそ、みな無意識に注目するのです。

手がきれいだと男性からの印象が変わる

一般的に女性と男性では、異性のどこにまず目が行くかが違うといわれています。女性は、相手の全体に目が行き、指先やつま先までくまなくチェックする人も少なくありません。

一方、**男性は興味を引く部分を中心に見る**といわれています。ですから、人によって目であったり、足首だったりと、ピンポイントであることが多いようです。

とはいえ、いったん相手の女性に興味を持つと、手を見るようになります。また、女性の目を見ることができないシャイなタイプの男性も、目線が下を向きやすいため、手元に目が行きやすくなります。その手がきれいにケアされ、爪も丁寧に整えられて清潔感を感じると、好印象を抱きます。さらに、その手が女性らしいしなやかな動きをすると、色気を感じるのです。

ある調査によれば、実に80％の男性が、女性の手に見とれた経験を持っているという結果が出ています。その手から女性らしさを感じ、さらに、セクシーな関係に発展するところまで妄想したりするのです。

男性は好意をもった女性に触れたいと思います。最初に触れることができるパーツが「手」です。だからこそ、男性は女性の手に見とれてしまうのかもしれません。

そのきっかけとなるのは、たとえばレストランでの、こんなシーン。隣の席に座り、男性の目が女性の手に留まったとき、その手が白くて華奢《きゃしゃ》だったら、「かわいいな」と思います。手入れの行きとどいたきれいな手だったら、「女性として気遣いのできる素敵な人だな」と評価が上がります。

そうなると、「手」＝「セクシーな部位」としてとらえられます。笑うときに口を隠したり、さりげなく前髪をかき上げたり、グラスを持つ指のしぐさなども、男性からするとドキッとする要素といえます。言いかえれば、そういう**手の動きやしぐさを意識的におこなうと、男性の気を引きつける**ということです。

残念ながら、その逆パターンもあります。以前、ある男性から実際に伺ったお話ですが、「一度、女性の手に衝撃を受けて以来、必ず手を見る」というのです。

その男性の職場に、仕事ができて、気配りもできて、年齢よりも若く見える素敵な先輩がいて、とても憧れていたそうです。その先輩と一緒に飲みに行く機会があり、ちょっとドキドキしていたけれど、「ふと目が下に行った瞬間、手が〝オバサン〟だった」と。見た目は若いけれど、年齢相応の手に「そうだよね……」と妙に納得し、高揚していた気分がスーッと冷め、がっかりしてしまったそうです。そんな経験をして以来、つねに女性の手を見るようになった、と語っていました。

この男性に限らず、女性の手を見た瞬間、手荒れしていたり、くすんでいたりしたらどうでしょう。手に見とれたり、妄想をかきたてられたりするでしょうか。

きれいな手は男性の心をくすぐります。手がきれいというだけで、言葉にしなくても、自分の魅力をアピールすることができるのです。

男性が本能的に手を見るのは、なぜ

男性の手は大きくてゴツゴツしている印象なのに対して、女性の手は小さくて華奢なものです。そのギャップが大きいほど、男性は本能的に「守ってあげたい」という感情を抱きやすくなるといいます。その手がきれいであれば、なおさらそういう気持ちがわいてくるでしょう。

また、男性の多くは「家事や料理などをまめにやってくれる女性がいいな」と思っています。その象徴が「手」です。ところが、家事や料理をして手荒れを起こされるのは嫌なのです。気持ちも冷めてしまいます。勝手な願望にも思えますが、それが男性の本音なのです。

また、手の「やわらかさ」もポイントです。男性は自分と違うものに興味を持ち、妄想をかきたてられるので、手がやわらかいことに興奮するわけです。もし、そんな手で女性から背中や腕をポンと叩かれたり、少し手と手が触れたり、あるいは手をつなぐ状況が起きたら……。男性は、急速にその女性を意識するようになり、恋心が芽生えても不思議ではありません。

つまり、男性にとって女性の「手」は、女性性の象徴的存在といえるのです。

話は少しそれますが、私はつねづね、**手というパーツは「近距離勝負」**と思っています。遠くからでもわかる髪型やスタイルと違って、手は近くで見なければ小さくて華奢なのか、手肌はきれいなのかがわかりません。また、手の微妙な動きも、近くで見るからこそ目に留まるのです。

男性は本能的に気になる女性の手を見ていますが、女性も気になる男性が目の前にいたら、何とはなしに前髪を触ったり、唇に指を当てたり、話すときに手ぶりを添えたりしているものです。無意識に相手の前で手を動かし、目を引き寄せる行動をとっています。これは「あなたに興味を持っている」というアピールであり、メッセージなわけです。相手に興味がない場合は、決して、そういう行動はとりません。

仮に男性が相手の女性をとくに意識していないとしても、女性の手が思いがけなく「小さく、指が細く、華奢で、白くてやわらかい」ことに気づいた瞬間、本能が刺激されます。そんなとき、自信のない「手」のままでもいいですか？

愛され度と手の美しさは比例する、その理由

愛されている女性は、美しい手をしています。手は温《ぬく》もりや愛が伝わる場所です。愛されている女性の手は、つねに男性から触れられています。手に触れられる機会が多い女性は、手に意識が向かい、まめに手入れをするようになるので、愛され度と手の美しさは比例するのでしょう。

それを証明する調査があります。ある大手日用品メーカーがおこなった、手にまつわる夫婦の意識調査によると、愛されて幸せを感じている女性は、手をケアする傾向にあることが裏付けられたのです。しかも、手をつなぐ習慣のある夫婦のうち、約95％が「妻としての幸せ」を実感していることもわかりました。

さらにこの調査から、妻に幸せを感じさせている夫は、妻の手をよく見ていることも判明しています。妻の手に触れたとき、手荒れをしていることに気づき、「家事や育児を任せっきりにして申し訳ない」という気持ちになって、家事を手伝ったり、「いつもありがとう」とねぎらいの言葉をかけるようになったそうです。そうした夫

の気遣いが、さらに妻の幸せ感をアップさせ、手肌をきれいにしようという意欲にもつながるのでしょう。

私のクライアントさんの例を見ても、夫やパートナーと手をつないで愛を感じ、幸せを実感している人は、本当にきれいな手をしています。


少し余談になりますが、つねに手肌をきれいにしている人の傾向として、大きな宝石の施された存在感のある指輪をつけている人はあまり見かけません。手に自信が持てなくなってくると、無意識に宝飾品でカバーしようとして、大きな指輪をいくつもつけるようになるのかもしれません。これは客観的に見て、少しイタイ印象を受けてしまいます。

若い女性がよくつけている指輪は、好みにもよりますが、細くて目立たないものが多いようです。若いころは手肌にハリがあり、指も細くてきれいなので、存在感のある指輪でカバーしなくてもいいわけです。

たとえ年齢を重ねて、若いときのようなハリやつやは衰えても、指先まできちんとケアされた清潔感のある手肌を保てば、無理に指輪でカバーする必要もありません。

また、手肌がきれいなら、たとえシワがあっても指輪が指にしっくりとなじみ、浮いて見えたりしません。

素のままの手がきれいであることは、それだけで好感度が高く、男性に愛されます。そして男性に愛されると、手はどんどんきれいになっていきます。

手が美しくなると、おのずと自信もわいてくる

私のクライアントさんの約8割は40歳以上で、メインは40代後半～50代の女性です。私はこの世代を**「ハンドビューティー世代」**と呼んでいます。

お悩みは人それぞれですが、大半は年齢とともに衰えてきた手肌によって、女性としての自信を失っているケースです。「たかが〝手〟くらいで自信を失うの？」と驚く人もいるかもしれませんが、本当です。なぜなら、手を使わないときって、ほとんどないでしょう？　何かしら行動するとき、必ず手を使っています。

その証拠に、手に自信がないと、自然と人前で手を出さなくなります。日本人女性は、笑うときに手で口を隠すことが多いですが、手を出したくないためにあまり笑わなかったり、笑っても下を向いたりする人がいます。

気になる男性がいても、手を見られたくないので、髪を無造作にかき上げたり、唇に指を持っていくようなこともしません。せっかく男性にアピールできる絶好のツールなのに、それが使えないわけです。

また、ビジネスシーンでも同じです。名刺を交換するときなど、相手とかなり接近して手を出すので、手に自信がないと無駄に緊張してしまうのです。会議やプレゼンの場で大いにアピールしたいときでも、手を人前に出したくないがために、動作がぎこちなくなり、思ったようなパフォーマンスが発揮できない場合もあります。

クライアントさんに、「手が荒れているから、買い物の際にお財布からお金を取り出して、相手に渡すのが恥ずかしい」という人もいました。手に自信がないと、このようにさまざまなシーンで制約を受け、損をする結果になってしまうのです。

私は、年齢を重ねた女性が自信を失う理由のひとつに、世間の男性の〝オバサン〟に対する評価の低さがあるのではないかと感じることがあります。

たとえば、妻が手肌をきれいにしようと一生懸命ケアしているとします。その様子を見た夫が、「もう〝オバサン〟なんだからいいじゃないか」と意欲の腰を折るようなことを平気で口にしたりします。そんなことをいわれて、「そうね、〝オバサン〟だからこれでいいわね」などと納得する女性はいないでしょう。夫やパートナーの理解やねぎらいも得られず、ますます自信を失っているのではないかと感じます。

自信を持つための方法として、資格を取ったり、何か勉強を始めたりするケースもあります。実際、ハンドビューティー世代のクライアントさんにも、そういう方がたくさんいます。もちろん、成功すれば自信がつきますし、夫やパートナーをはじめ、多くの人から認めてもらえるでしょう。しかし、仕事や社会で認められることを目指し、成功できるのは、ほんのひとにぎりの人ではないでしょうか。それなら、手肌をきれいにすることに注力するほうがずっとハードルが低く、また、ほぼ確実に成功できます。

手がきれいになると、自分のなかの女性の部分が目覚めてきます。同性からも男性からも注目され、好印象を持たれるようになります。そして何気ない手のしぐさや行動が変わり、自信がみなぎってくることを実感できるようになります。

私が相談を受けたクライアントさんの例で、**「あ、この人は自信を持ったな」と感じる瞬間は、その人自身が「発信」し始めたとき**です。手がきれいになって自信がわいてくると、それまで心の奥にしまっていた思いを打ち明け、自分の辛かった日々や今日までの経緯を、包み隠さず人に話せるようになるのです。

実際に、私のクライアントさんには自ら手のケアの指導者となった方がいます。自分の体験を多くの人に発信し、手肌をきれいにすることの意味や大切さ、美を手に入れたときに何が得られるのかを伝えていこうとしています。

その方の体験談は第6章で紹介しますが、手がいかに多くの悩みを解決し、新しい自分へとステップアップさせてくれるパーツであるかが、おわかりいただけたでしょうか。

いくつになっても手肌が美しいと、それだけで笑顔が増えていきます。

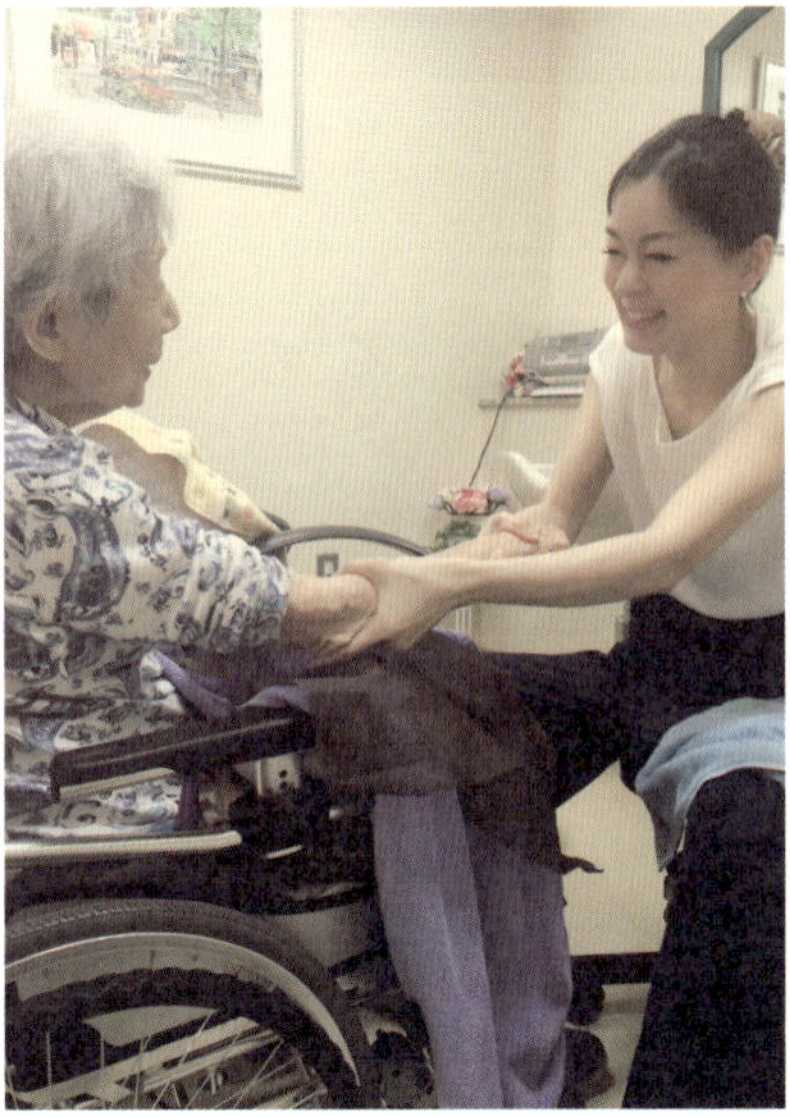

老人ホームでおこなったハンドケア（ボランティア）の様子

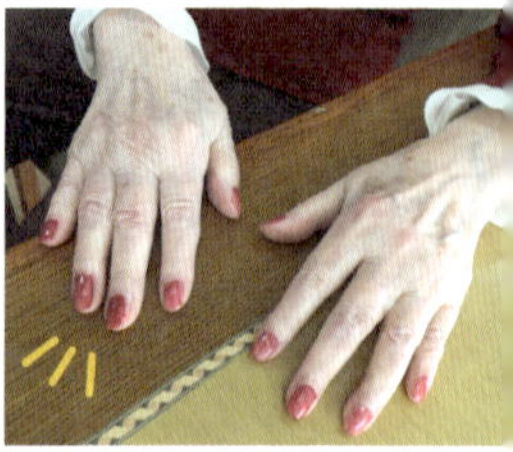

第2章

どのように手は老化していくのでしょうか

ほとんどの人は知らない、手が老化していく理由

手の乾燥、シミ、シワ、くすみ、血管の浮き、指の関節が太くなる、爪がもろくなる……。さまざまな手のお悩みの相談を日々受けますが、多くの人はその原因をわかっていません。

何となく、シミは紫外線、乾燥は食器洗い洗剤などが悪いと考え、日焼け止めを塗ってみたり、手袋をはめて洗い物をしたりといろいろ工夫をします。そうした努力の一方で、「もう年だから仕方がない」とあきらめてしまっている人もいます。

手が老化していく根本的な原因、それは「血流」です。若いころはしなやかで弾力のあった血管も、年齢とともに弾力を失っていきます。血管が固くて広がらなくなり、全身の血行不良を招くのです。

手は心臓から遠い位置にあるため、とくに血液が行きとどきにくい場所です。実際、相談に来るクライアントさんの手に触れると、ほとんどの人は手が冷たいのです。つまり、手の先まで血液が十分に循環していません。心臓から遠いことに加えて、肩甲

骨まわりが固くなっていたり、肩がこっていたりする人は、そこでさらに血流が阻害され、手の先まで届きません。

血流のよくない状態が続けば、全身の細胞に必要な栄養や酸素がうまく行きとどかず、老廃物の回収も遅れます。それにより手肌のターンオーバー（細胞の入れ替わり）が乱れ、角質がたまりやすくなります。肌色はくすみ、シミやシワ、乾燥など良からぬ手の変化が出てきます。また、体調がすぐれず血流が悪いと、ささくれができやすくなります。

血行不良がさらに進めば、肌だけでなく全身の老化が進み、血圧も上昇し、生命にかかわる病気につながる可能性もあります。

手の老化は「年だから仕方がない」ではすまされず、**自分のからだに血行不良が始まっていることを教えるサイン**といえるのです。

手はからだでいちばん最初に老ける

鏡の前に立って、顔の横に手の甲を並べて見比べてみてください。

顔よりもくすんで、老けて見えませんか？

手は、からだのなかでもっとも早く老化が始まります。先にもお話ししたように、**手は心臓から遠く、血液がとどきにくい**ことがその大きな要因です。寒い季節になると、手が冷えやすくなりますが、季節に関係なく、つねに手が冷えている女性は意外に多いものです。手が冷えるのは、血液が手の先までめぐっていない証拠。もともと手は血行不良になりやすいパーツですが、冷え性の人はなおさら老化の進行が早いといえます。

さらに、日常生活で何度も手を洗ったり、水仕事をしたりと、手は酷使されています。手にはもともと皮脂腺が少なく、表面を脂でコーティングする力が弱いので、乾燥しやすく、荒れやすいといえます。

そうした状態を放置して、**何のケアもせずにいれば、「36歳で〝オバサン手肌〟に**

なる」と私は考えています。「オバサン手肌」とは、くすんで、固くて、カサカサしている、やわらかさやうるおいの感じられない手のことです。

以前、あるテレビ番組で、街ゆく人に女性の手の写真を見せて、「この人は何歳でしょう?」と聞くという企画が放送されていました。その結果はというと、20代の人の手は平均してプラス5歳、30代もプラス5歳、40代になるとプラス3歳、50代になると年相応に見えるというものでした。その手の持ち主たちの顔は、年齢相応だったにもかかわらず、手だけを見ると年齢より老けて見えていることがわかったのです。

一方、あるネットメディアが全国の20代から60代の男女を対象におこなった「〝オバサン〟だと思う年齢」調査によると、男女ともに、「41〜45歳」の回答がもっとも多く、しかも男性は女性を見る目が少し厳しめで、36歳以上を〝オバサン〟と思う人が80%という結果が出ました。

2つの調査を総合すると、女性が36歳になったら、手はプラス5歳で41歳に見え、〝オバサン〟と思われるということになります。そこから私は、手のケアに無頓着のまま年齢を重ねると、36歳で「オバサン手肌」になってしまうと注意をうながしています。

女性は顔にはケアを怠らず、高い化粧品を使うことにも躊躇《ちゅうちょ》しません。しかし、顔と同じくらい手のケアにも時間とパワーを注いでいるでしょうか。ハンドクリームに、顔用の化粧品と同じくらいお金をかけていますか。そうしたいくつかの要因が相まって、手の老化は早い時期からひたひたと着実に進んでいくのです。

ハンドクリームだけで手は若返らない

手のケアと聞いて、まず頭に浮かぶのはハンドクリームでしょう。私もよく、「どのハンドクリームがいいですか？」と質問されます。

もし、手の乾燥対策としてハンドクリームを使うのなら、保湿成分の入ったものであれば、どれもそれなりに効果はあります。手の角質、手荒れ、ひび割れなどの症状を、快方に向かわせることも可能です。

しかし、乾燥には一定の効果があっても、ハンドクリームだけで手肌を明るくふっくらと若返らせることはできません。手の老化の根本的な原因は血行不良です。血流が悪くなり、肌のターンオーバーが遅くなっていくことが、「オバサン手肌」をつくっていくのです。

そこに追い打ちをかけるのが、女性ホルモンです。**もっとも手のお悩みを訴えるハンドビューティー世代の女性は、更年期世代でもあります。**女性ホルモンの分泌量が下がってくると、からだの代謝機能も落ちてくるので、やはり血流が悪くなります。

さらに、女性ホルモンの減少は、からだが水分を保持する力も低下させるので、当然、手肌の水分量も減ります。手の皮膚は、顔の皮膚と比べて厚さが3分の1程度しかないといわれていて、もともと薄いので、からだの水分量が減れば、その分うるおいが失われてカサカサになりやすいのです。

外側から塗るハンドクリームだけで、こうした内側の要因を改善することはできませんが、皮膚が乾燥して老化が早まらないように、表面にバリアをつくる意味はあります。また、ハンドクリームを塗ってすべりをよくしたうえで手にマッサージをおこない、血流をよくしてあげると相乗効果が高くなります。

自分の手を
スケッチしてみましょう

手の甲

- ✦
- ✦
- ✦

手の指

- ✦
- ✦
- ✦

右手

手のシルエットに沿って、左右の手の甲をスケッチしてみましょう。シミやシワ、くすみ、血管の浮き、爪の状態など、気になるところをすべて書き出します。デジカメやスマホで撮影した自分の手の写真を貼ってもＯＫです。

手の甲

✦

✦

✦

手の指

✦

✦

✦

左手

コラム

爪の角質は
手の老化のバロメーター

手にシミやシワ、血管浮きなどがでてくると、「あぁ、手が〝オバサン〟になっちゃったな」とガックリきますが、そもそも手の老化がどこから始まるかご存じですか？

それは爪のまわりの皮膚です。

ネイルサロンを経営していたころ、爪のまわりの皮膚が固くなっている人を何人も見ました。それはネイルが原因ではなく、もともと乾燥しやすい場所のため、固くなりやすいのです。早いケースでは、20代で爪のまわりが固くなり始めます。

すると、爪にも角質がつきやすくなり、爪の透明感が失われるだけでなく、乾燥してもろくなってきます。

こうした変化に気づいたら、手の老化が忍び寄っているサイン。

自分の手のリアルを知ることが、適切なケアの第一歩になります。

第3章

徹底スペシャルケア！

手肌が若返る
1週間プログラム

自分の手の肌質は、どのタイプ？

☑ チェックリスト

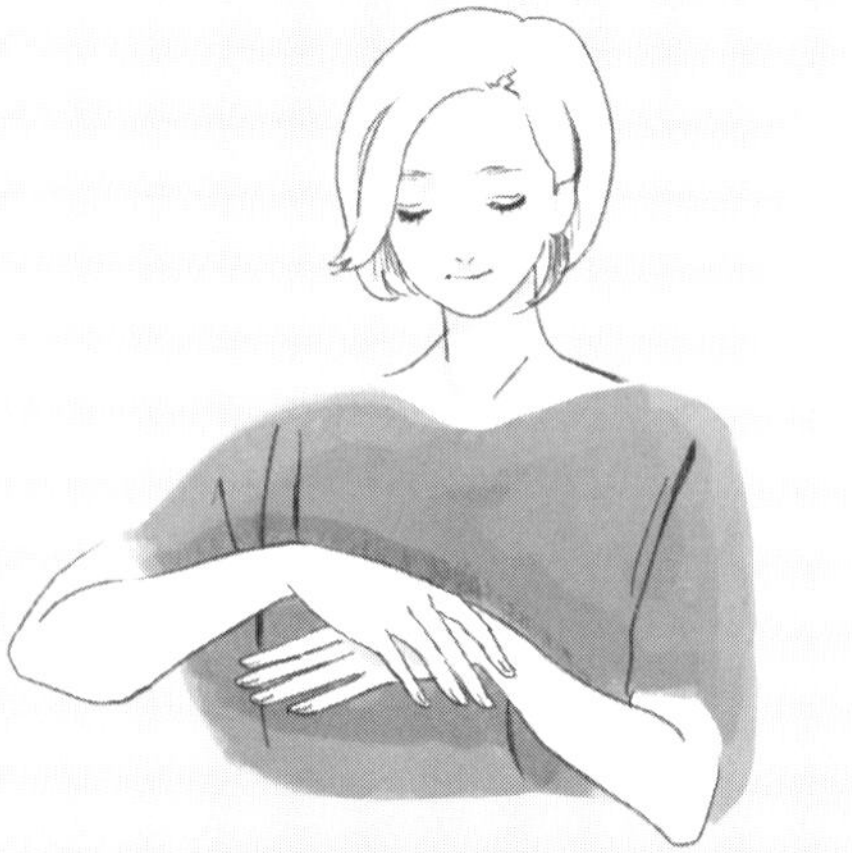

自分に当てはまる項目にチェックを入れましょう。閉経を迎えている人は、閉経前の状態を思い出してチェックしてください。

タイプB

- □ 肌が黄色や茶色っぽくくすんでいる
- □ 経血は濃い褐色で量が多く、血のかたまりが出る
- □ 月経痛が強い
- □ 口内炎ができやすい
- □ 肌荒れしやすい
- □ つい食べすぎることがある
- □ いびきをかく
- □ おなかと手足が冷えている
- □ シミやあざができやすい
- □ おなかに水がたまり、ぽちゃぽちゃと音がする

タイプA

- □ 貧血、または低血圧ぎみ
- □ 気力が弱く、虚弱体質
- □ 顔色が青白く、つやがない
- □ 経血の色が薄く、量が少ない
- □ 月経の期間が短いことが多い
- □ 手足がしびれることがある
- □ しもやけやあかぎれができやすい
- □ 便秘になりやすい
- □ 髪や肌、目、爪が乾燥している
- □ 寝起きが悪い

タイプD

- □ 全身が冷える
- □ トイレが近い
- □ むくみやすい
- □ 足腰が冷えて、だるい
- □ 夜中にトイレに起きる
- □ 月経前や月経中に頭痛がある
- □ 月経中は腰がだるい
- □ 経血は褐色で量が少ない
- □ 月経周期が遅れがち、または無月経が続いている
- □ 汗をかきにくい

タイプC

- □ 手足や下半身が冷えやすく、上半身はのぼせやすい
- □ 寝つきが悪い
- □ 朝早く目が覚める
- □ 歯ぎしりをする
- □ 月経前にイライラしやすい
- □ 月経前に食欲のムラがある。または月経中に胸が張る
- □ 月経不順
- □ のどや胸がつかえる
- □ 落ち込むことが多い
- □ 便通が不規則

タイプE

- □ 閉経している
- □ 熟睡できない、または朝起きて疲れている
- □ 多汗、だるい、疲れやすい
- □ 髪の毛が細く薄くなった
- □ 最近急に太って、やせづらくなった
- □ 爪がもろい
- □ 歯周病、口臭、口が乾くなど口内トラブルが増えてきた
- □ 指の関節が変形している、または痛みがある
- □ 気分の落ち込みが激しい
- □ 寝汗をたくさんかく

各タイプのおもな特徴

チェック数を集計し、もっとも当てはまる数の多かったものが自分の肌質タイプです。数が同数の場合は、複数の特徴を持っていると考えます。

Ⓐが多い人↓「血不足タイプ」

貧血や低血圧ぎみで、青白い顔をした、虚弱体質の人。気力がとぼしく、さまざまな不調を抱えやすいタイプです。慢性的に「血」（の濃度）が不足しているので、手の指先まで栄養や酸素をとどける力が弱く、手肌の老化が早い段階から進みやすいといえます。

このタイプは、日常的に血を増やす食事を心がけながら、筋トレをおこなって血流をうながしていくことが大切です。

Ⓑが多い人↓「栄養過多タイプ」

糖分、塩分、脂肪分のいずれか（またはすべて）の摂取量が多く、血液がドロドロになっている人。いわゆる「生活習慣病予備軍」といえます。血流がとどこおりやすいので、肌に必要な栄養や酸素が十分にいきわたらず、また老廃物も回収されにくいため、肌の色が黄色や茶色がかっていて、肌荒れしやすい傾向にあります。

このタイプは、とにかく体内の余分なものを「流す」ことが先決です。

Ⓒが多い人↓「ストレスタイプ」

ストレスをためやすく、自律神経のバランスが乱れがちな人。月経前になるとイライラする、落ち込みやすい、胸が張る、食欲が増減するなど、さまざまなところに不調や不快症状があらわれます。また、下半身が冷えて上半身はのぼせやすいのも特徴です。このタイプは、ストレッチや呼吸法などを取り入れて、心身をリラックスさせてあげることがポイントとなります。

Ⓓが多い人↓「運動不足タイプ」

運動習慣がなく、全身の筋力が弱い人。筋肉は熱を生み出して体温を一定に保つ役割があるので、このタイプは体温も低めの傾向があります。すると、栄養を体内のすみずみまでとどけてエネルギーに変える働き（代謝）も悪くなり、ターンオーバー（肌の代謝のサイクル）が乱れて、肌荒れなどを起こしやすくなります。

このタイプは、筋肉のもととなる良質のたんぱく質をとりながら、筋トレを心がけることが基本になります。

Eが多い人↓「女ホル減退タイプ」

40～50代のハンドビューティー世代は、ほぼ全員、ここに当てはまります。女性ホルモンの分泌量の低下にともなって代謝が下がり、からだが保持できる水分量も減ってくるので、肌にうるおいがなくなって、爪がもろくなってきます。また、体内でコラーゲンが減少していくので、肌の弾力ややわらかさが失われ、指の関節にも炎症が起こりやすくなります。

このタイプは、女性ホルモンを補う食材を意識してとりながら、運動と質の高い睡眠を心がけることが大切です。

同窓会まで、あと1週間！
今の自分に自信をもって
友人たちや、
かつて好きだった彼と
すてきな時間を過ごしたい。

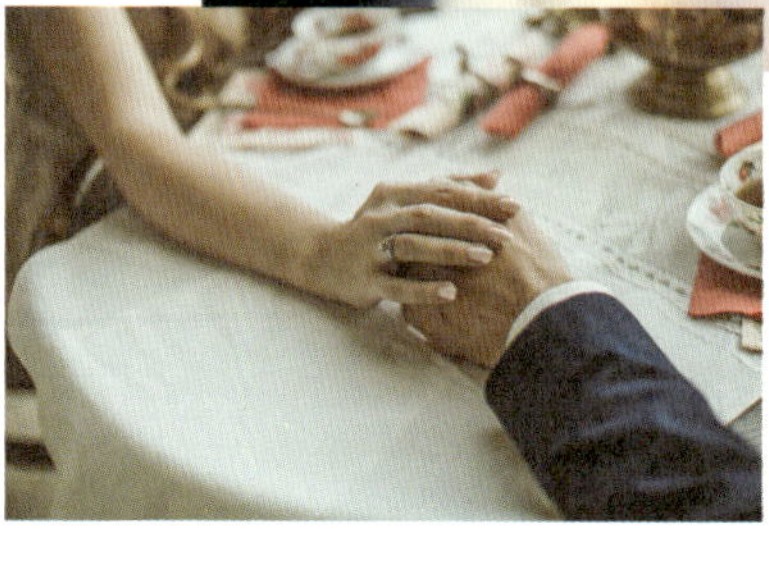

さあ、自信を取り戻す
究極のハンドケア、スタートです！

手肌が若返る！

1週間ハンドケアプログラムをはじめよう

手のアンチエイジングの基本である「血流」をよくするため、7種類のプログラムと、タイプ別のワンポイントアドバイスをご用意しました。

同窓会やデート、久しぶりの友人同士の集まりなど、ここぞという「特別な日」に向けて、また、日々の習慣として、気軽に実践してみてください。

1日目

食事の前に、特製リンゴ酢ドリンクを飲む

効果

- ☑ 黄ばんだ手肌を明るくする
- ☑ 血糖値の急上昇を抑える
- ☑ からだの細胞のコゲを防ぐ

POINT 外出時はペットボトルに入れて持ち歩きましょう

HOW TO リンゴ酢大さじ１杯（15ml）を、食事の前に飲みます。そのまま飲んでも、水や炭酸水（150～180ml）で薄めてもＯＫ。酸味が苦手な人は、はちみつやオリゴ糖を加えると、より飲みやすくなります。

なぜ効くの？

酢は食後血糖値の急上昇と糖化予防に効果アリ

お酢は、単に料理に酸味やコクを与えるだけでなく、疲労回復、食欲増進など、健康や美容にさまざまな効果があることが知られています。そのなかでも、手の若返りでとくに注目したい点は「糖化」を防ぐ働きです。

糖化とは、余分な糖が体内のたんぱく質などと結びついて、細胞などを劣化させる現象のことで、「からだのコゲ」とも呼ばれています。糖化が進むと、肌の弾力が失われ、シミやくすみの原因にもなります。

この糖化が進みやすいタイミングが「食後」です。糖化を防ぐには、食後の血糖値の急上昇をいかに抑えるかがカギで、その働きをしてくれるのが、お酢なのです。

お酢にもさまざまな種類がありますが、私のおすすめは、リンゴ果汁だけを原料にした「リンゴ酢」です。酢のツンとした匂いが、フルーティーな香りで緩和されます。スーパーで購入前に原材料を見て、甘味料や香料などが添加されていない商品を選びましょう。お好みで、はちみつなど天然の甘みを加えます。

タイプ別
ワンポイントアドバイス

◆血不足タイプ

リンゴ酢をお湯で割りましょう。血不足タイプは体温が低めなので、お酢の効果とからだを温める効果が同時に得られます。酢の匂いがキツい人は水で割るのでOKです。

◆栄養過多タイプ

リンゴ酢を炭酸水で割って飲みましょう。それを食事の前に飲むと、おなかがふくらんで食欲を抑えてくれます。

◆ストレスタイプ

はちみつやオリゴ糖などで甘みを加えましょう。このタイプは疲れやすいので、甘みがあるほうがおいしく感じられ、リラックス効果も期待できます。

◆運動不足タイプ

リンゴ酢を飲んだ後に、軽いストレッチをしてみましょう。お酢にはからだをやわらかくする働きがあるので、からだがほぐれやすくなります。

◆女ホル減退タイプ

食事の前だけでなく、気づいたら飲むようにしましょう。疲れや気になる不調の改善に役立ちます。

2日目

手洗い後、ハンドクリームのついでにハンドマッサージ

効果

- ✓ 手の血流をうながす
- ✓ 指先や手の甲が明るくなる
- ✓ 手肌のターンオーバーを上げる

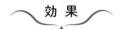

POINT ぽかぽかして血流を実感！
１日に３回はおこないましょう

①

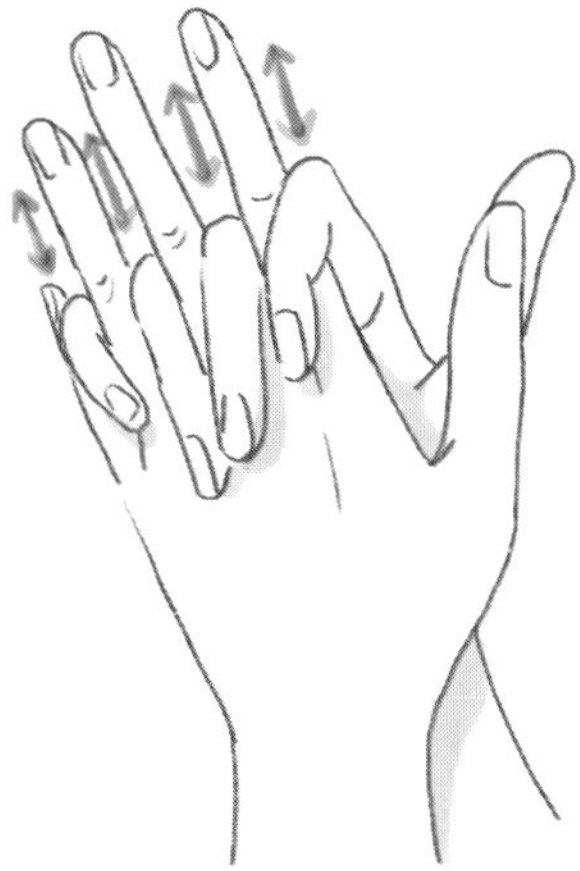

②

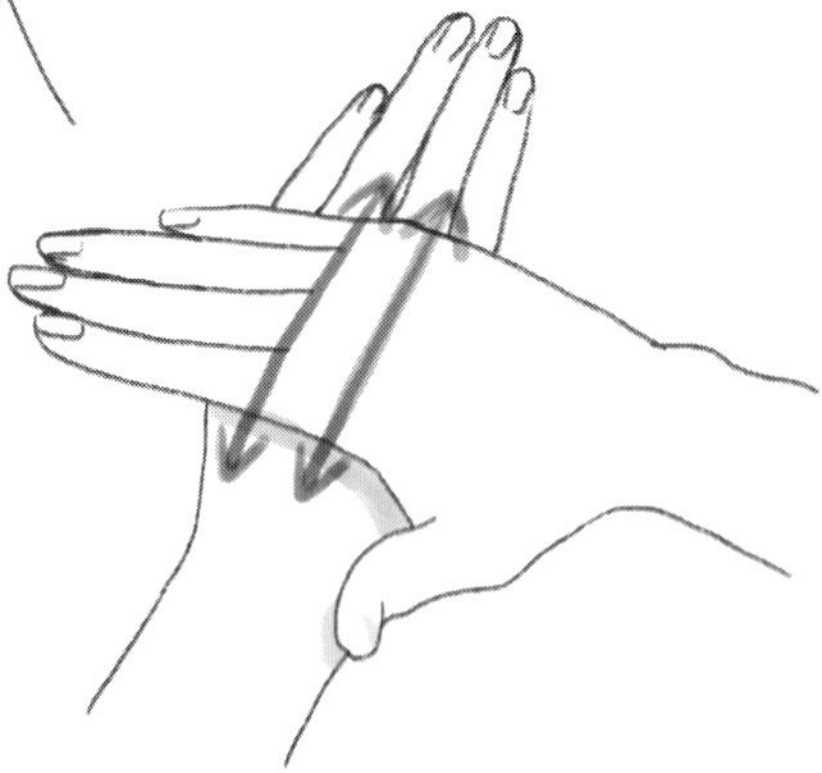

HOW TO ①手の甲にハンドクリームを塗ってまんべんなく伸ばします。両手の指を組んで、指同士を押しつけるようにして、根元から指先まで４～５回、しごきます。②次に、手の甲を包み込むようにギュッと押さえながら、手の甲の皮膚を上下左右に動かします。

栄養と酸素を運ぶ「動脈」の血流をうながす

血管には動脈と静脈があり、からだが必要とする栄養や酸素を運ぶのが動脈、不必要な老廃物を運ぶのが静脈です。そこで、動脈の血流をよくしてあげれば、肌に必要な栄養や酸素がスムーズにいきわたり、ターンオーバーを上げることができます。

その方法として効果的なのが「ハンドマッサージ」です。外側から刺激を与えることで血流をうながします。ただ、動脈は皮膚の奥を流れているので、軽くさすっただけでは刺激がとどきません。そこで、上から押してしっかりと圧をかけ、皮膚全体を動かすようにマッサージすることがポイントです。刺激が動脈までとどくと、手の内側からぽかぽかしてくるのが感じられます。

頻度は1日3セットくらいが目安ですが、おこなえばおこなうほど効果が上がるので、ハンドクリームをこまめに塗る人は、その都度おこなうといいでしょう。

このマッサージは動脈だけでなく、表面を通る静脈も同時に刺激されるので、老廃物の回収もうながされて、手肌に透明感がよみがえってきます。

タイプ別
ワンポイントアドバイス

◆血不足タイプ

1日何セットでもおこないましょう。このタイプはもともと血流がよくないため、こまめにおこなうほど、血流だけでなく手の冷えの改善にもつながります。

◆栄養過多タイプ

1日何セットでもおこないましょう。このタイプは、手肌が黄色や茶色にくすみやすいので、こまめにおこなうほど肌のトーンが明るくなってきます。

◆ストレスタイプ

ストレスを感じたとき、イライラしたときは、それをマッサージタイムにあてましょう。手がぽかぽかしてくると、心もほんわか安らいできます。

◆運動不足タイプ

1日何セットでもおこないましょう。このタイプは、全身の熱量が低く、手も冷えやすいので、こまめにおこなうほど血流と手の冷えの改善につながります。

◆女ホル減退タイプ

ハンドクリームを塗ったら常にマッサージタイムとしましょう。このタイプは、手が乾燥して角質が固くなりやすいので、血流がよくなると手もやわらかくなります。

3日目

寝る前に、ゆっくり深呼吸をしながらグーパー運動

効果

- ☑ 自律神経のバランスを整える
- ☑ 手の血流をよくする
- ☑ 手肌のくすみを取る

◆ POINT ◆

息を吐いてグー、息を吸ってパー。
寝る前に布団のなかでおこなうのもおすすめ

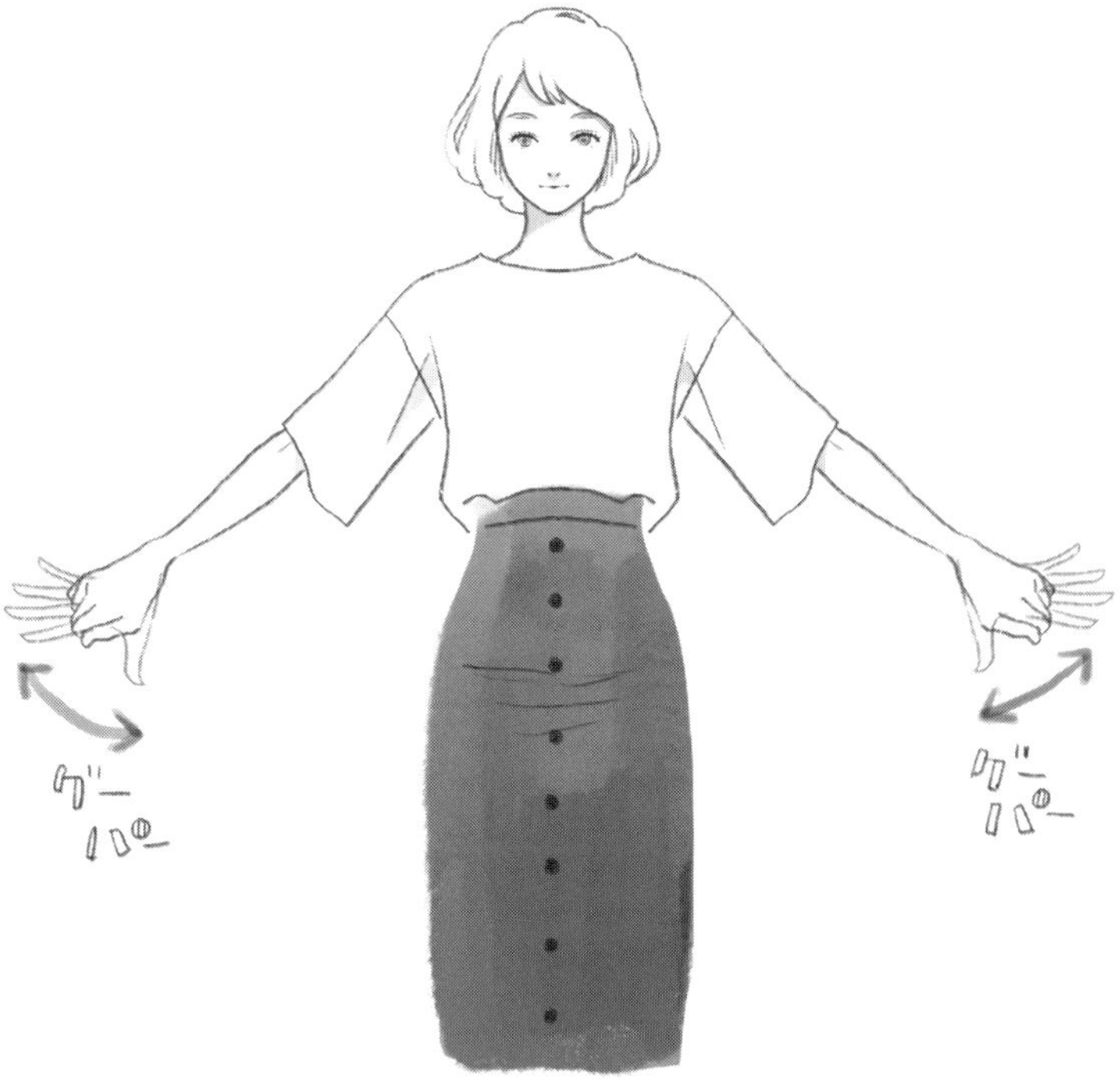

HOW TO

まっすぐ立ち、手に力を入れやすい角度まで両腕を軽く持ち上げます。腹式呼吸でゆっくり息を吐きながら、手をグーの形にギュッとにぎり、数秒間キープします。次に、ゆっくり息を吸いながら、手のひらをパッとひらきます。これを３セットおこないます。

血管の収縮と拡張によって、血が指先までとどく

手は心臓からはなれているため、もともと血流がとどこおりやすく、栄養や酸素が十分にとどきにくいパーツです。「グーパー運動」は、ハンドマッサージと同様に、とどこおりがちな血流をうながすためのエクササイズです。

手にギュッと力を入れてグーの形にすると、血管が一時的に収縮し、血をせき止めます。そのあとにパッと手を広げると、血管が解放されて一気に血がめぐり、その勢いで指先まで血がとどきます。これをくりかえすと、手の血流がうながされ、老廃物の回収も進みます。

深呼吸と組み合わせておこなうのは、自律神経のバランスを整えるためです。息を吐くと副交感神経の働きが高まり、息を吸うと交感神経の働きが高まります。深呼吸は交感・副交感の両方をバランスよく刺激するため、からだがリラックスモードに導かれ、全身の血流がよくなります。手の血流もスムーズになり、くすみを取る効果アップが期待できるというわけです。

タイプ別
ワンポイントアドバイス

✦血不足タイプ

「手が冷たいな」と感じたらおこないましょう。寝る前のグーパー運動を習慣化すると、からだがぽかぽかして寝つきもよくなります。

✦栄養過多タイプ

トイレに立ったときにおこなうなど、できるだけこまめにおこないましょう。からだの老廃物が流れやすくなり、血液ドロドロも改善されます。

✦ストレスタイプ

トイレに立ったときや休憩時間などにおこないましょう。深呼吸をすることで、自律神経のバランスが整い、リラックスできます。

✦運動不足タイプ

むくみを感じたときやトイレに立ったときなど、折に触れておこないましょう。血流がよくなるだけでなく、筋力アップにもなります。

✦女ホル減退タイプ

このタイプは、そもそも自律神経のバランスが崩れやすいので、グーパー運動はもちろん、深呼吸だけでもこまめにおこなうと効果的です。

4日目

風呂上りに、手首と腕の筋肉をゆるめる手首ストレッチ

効果

- ✓ 手の血行をよくする
- ✓ 手肌をやわらかくする
- ✓ 手と腕のこりをとる

POINT 無理せず「イタ気持ちいい」ところでSTOP

HOW TO 片腕を胸の前に出し、肩の高さに持ち上げます。手首を曲げるように、もう片方の手でつかんでゆっくりと伸ばします。もう片方の腕も同様に。慣れてきたら、両ひざに手を置く方法もおすすめ。そのまま背中をそらすだけで、手首のストレッチになります。

手首がやわらかくなると血液が指先までとどく

心臓から離れた場所にある手は、もともと血液のとどきにくいパーツです。しかも、心臓から手に向かう間に、血液の流れを悪くする要因があれば、なおさらです。その1つが「手首」なのです。

手首の関節は、さまざまな向きに自在に動きますが、日常生活では思ったほど動かしていません。試しにいろいろな方向に動かしてみて、「痛い」と感じた人は、さほど動かしておらず、手首の関節が固くなっている可能性があります。

手首が固いと、そこを血液が通る際の流れもとどこおりやすくなります。それを改善するのが、手首ストレッチです。

ふだんは「ここまで曲げない」というところまで手首を心地よく伸ばし、関節の可動域を広げてあげましょう。それにより指先まで血液がスムーズに流れ込み、栄養や酸素がとどくようになって、手肌がふっくらとやわらかくなります。

タイプ別
ワンポイントアドバイス

◆血不足タイプ

このタイプはとくに末端が冷えやすいので、こまめにおこないましょう。お風呂上りなど、体が温まっているときに行うのも効果的です。

◆栄養過多タイプ

このタイプは「糖化」で肌が固くなりやすいので、こまめにおこなって手肌をやわらかくしましょう。

◆ストレスタイプ

ストレスがたまってくると、体全体が緊張して固くなりがちです。伸びをするなど全身のストレッチをおこないつつ、手首を伸ばしてあげましょう。

◆運動不足タイプ

疲れやむくみを感じたときなど、いつでも手首を伸ばしてあげましょう。体がポカポカしてくるのが感じられます。

◆女ホル減退タイプ

このタイプは自律神経のアンバランスによって血流がとどこおりやすく、むくみも出やすい傾向にあります。手全体がもったりしていたら、手首ストレッチを。

5日目

トイレのついでに、わきの下をほぐすリンパマッサージ

効 果

- ☑ 指先までの血流をよくする
- ☑ 手の冷えを改善する
- ☑ 手と腕のむくみとり

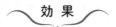

POINT 「たまったものはトイレで流す」と覚えて習慣化を

HOW TO 指の第二関節をとがらせるような形で「こぶし」をつくり、第二関節をわきの下に差し込むように入れます。その状態でわきを広げたり閉じたりリズミカルに動かして、わきの下のリンパを刺激します。左右３回ずつ、１日２〜３セットおこないましょう。

リンパの流れをスムーズにして老廃物を流す

血管と同様、全身にはりめぐらされているのが「リンパ管」です。リンパ管にはリンパ液が流れていて、体内に侵入してきた細菌が全身に広がらないように食い止めるほか、老廃物の回収、体内の水分バランスの調整、ホルモンの運搬など、さまざまな働きをしています。血液と同様、リンパ液がスムーズに流れていることも、美しい手肌の基本といえるのです。

ところが、リンパ管にはところどころに「リンパ節」と呼ばれる「関所」があり、流れがとどこおりやすいのです。リンパの流れが悪くなると、冷え、便秘、肩こり、むくみ、くすみなどの不調を招く要因になります。

その関所の1つが「わきの下」。ここのリンパの流れを、外からの刺激でよくしようというのが、リンパマッサージです。流れがとどこおっているほど、マッサージの際に痛みを感じやすくなります。一方、流れが改善されると、むくんでいた手がすっきりし、手の甲のくすみがとれて明るくなったのを実感できます。

タイプ別
ワンポイントアドバイス

◆血不足タイプ

このタイプは、リンパの流れにも勢いが不足ぎみ。1日に何回おこなっても問題はないので、気づいたらいつでもおこなうクセをつけましょう。

◆栄養過多タイプ

トイレは体内で不要になったものを流す場所。このタイプはからだに老廃物がたまりやすいので、「トイレタイムにリンパマッサージ」を習慣づけるといいでしょう。

◆ストレスタイプ

疲れていると、リンパの流れもとどこおりがち。そこで仕事や家事が一段落したタイミングでリンパマッサージをすると、疲労回復にもつながります。

◆運動不足タイプ

このタイプは、がんこな肩こりを訴える人が少なくありません。リンパマッサージをおこなうと、肩が軽くなるのを感じられます。

◆女ホル減退タイプ

このタイプは、血流もリンパの流れもスムーズとはいえません。マッサージの刺激でリンパの流れがよくなると、相乗効果で血流もよくなり、代謝が上がります。

6日目

入浴時、手肌の角質を取るスペシャルコスメケア

効果

- ☑ 余分な角質を取ってくすみを取る
- ☑ 手肌のターンオーバーを上げる
- ☑ 手肌の保湿、再生

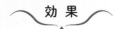

POINT からだが温まったタイミングで角質ケアを。手袋をして就寝すると完璧です

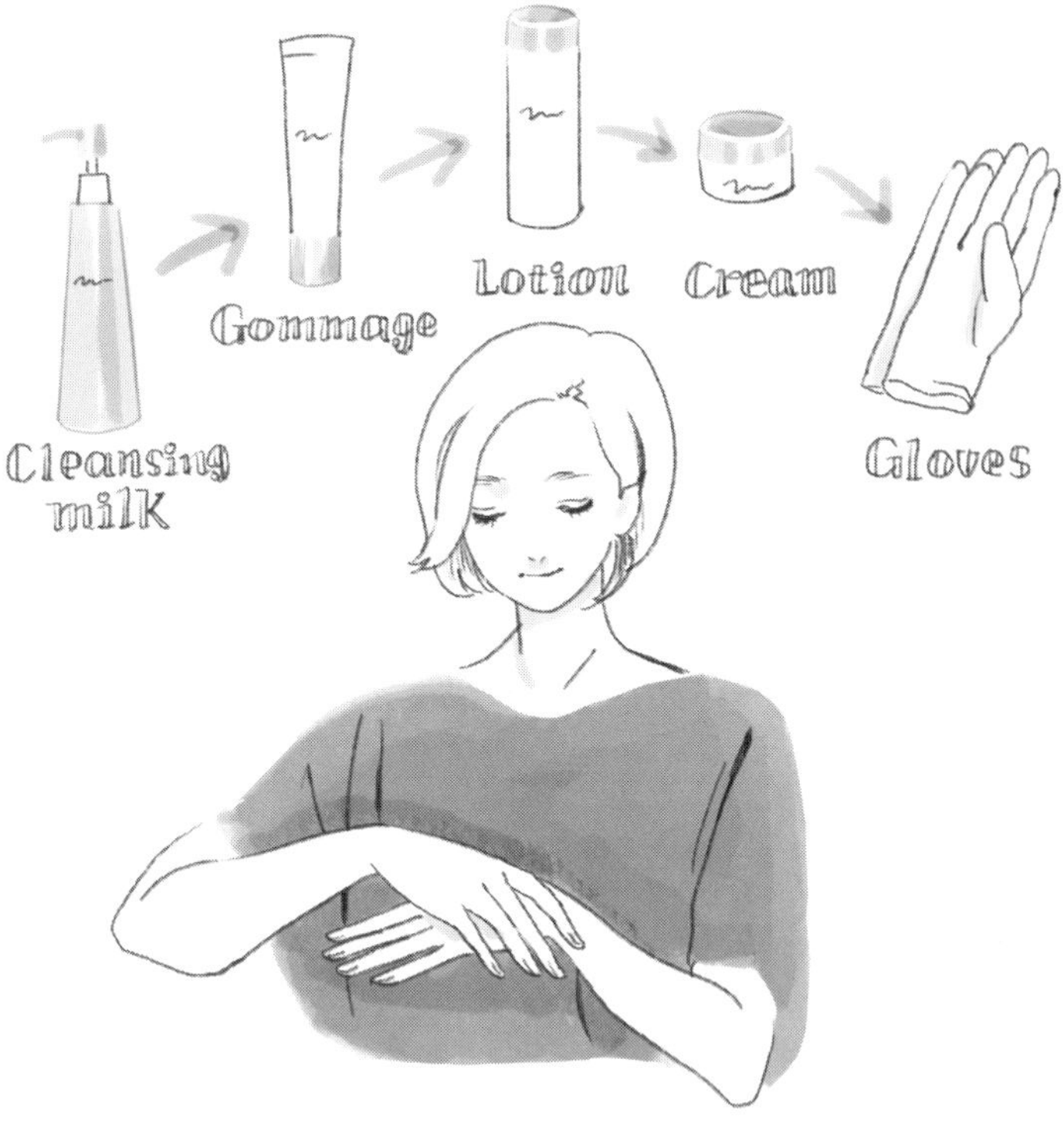

HOW TO ぬれた手の甲に「クレンジングミルク」を塗り、日焼け止めなどの汚れを落とし、シャワーで流します。さらに「ゴマージュ」（これは週２～３回のみ）で手の甲～ひじの角質を取ります。風呂上りに「化粧水」と「フェイスクリーム」を手～ひじに塗ります。

なぜ効くの？

顔と同じケアをおこなえば手も若返る

手肌の若返りには、顔と同じくらいのコスメケアが大切です。まず基本は「クレンジング」。1日の終わりに化粧を落とすように、手に残った日焼け止めや汚れをきれいに落としてあげましょう。その際に強力なクレンジング剤でなく「クレンジングミルク」を使うのは、皮脂を取りすぎず、うるおいを保つためです。手の皮膚はターンオーバーが遅いので、週2～3回は「ゴマージュ」を使って角質を取り除きましょう。とくに、ひじは黒ずみがちなので、余分な角質を取ってやわらかくします。

入浴後は、顔用の「化粧水」と「フェイスクリーム」を。フェイスクリームをハンドクリームに替えても構いませんが、その前に化粧水を塗っておくのがポイント。とくに、ゴマージュで角質を取った後は乾燥しやすいので化粧水は忘れずに。手肌のキメが整い、クリームの浸透を助けてくれます。

手の乾燥が気になる人は、手袋をつけて寝ると、保温効果がアップして、手肌の状態がみるみる変わってきます。

タイプ別 ワンポイントアドバイス

◆血不足タイプ

このタイプは、手肌が青黒い色にくすみがちです。手の角質をきちんと取ることで、手肌が明るくなります。

◆栄養過多タイプ

このタイプは、手肌が黄色や茶色にくすみがちです。コスメケアにはマッサージ効果もあるので、老廃物が流れて内側からも明るさがよみがえってきます。

◆ストレスタイプ

手肌が明るくなり、肌触りもやわらかくなると、それだけで気分が上がります。疲れているときは、香りのいい化粧水を使うとリラックス効果がアップします。

◆運動不足タイプ

このタイプは、指先まで血液がとどきにくいので、角質もたまりやすくなります。2日に1度のペースで角質ケアを心がけるといいでしょう。

◆女ホル減退タイプ

女性ホルモンが低下すると、ときめく機会も減ってくるようです。手肌をケアすると「自分を大切にしている」満足感が得られ、ワクワクを感じやすくなります。

7日目

入浴時、角質オフするネイルケア。ますます美しい指先に

効果

- ☑ 爪がきれいになる
- ☑ 爪の水分が保持できる
- ☑ 余分な角質が除去される

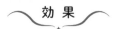

POINT オフしすぎは禁物。角質がとれたら、オイルなどで必ず保湿を

①

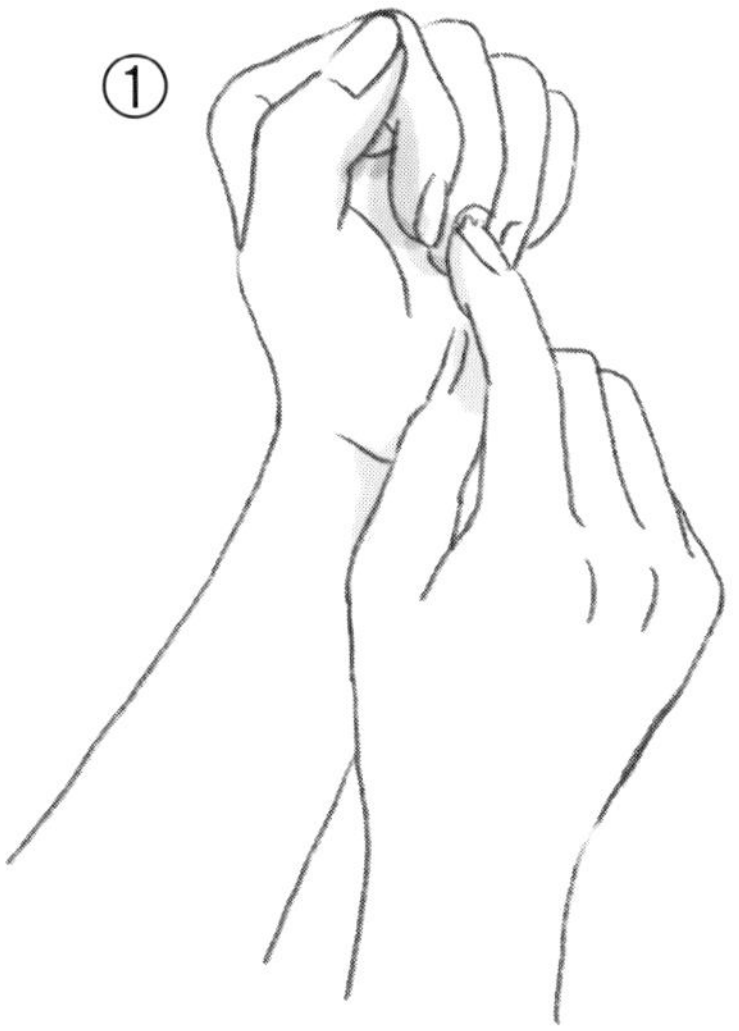

②

HOW TO ①爪の生え際〜根元にたまっている角質を、爪を使って、生え際のほうに押していきます。これを左右10本の指におこないます。②次に、たまった角質を、綿棒やウェットティッシュなどで拭き取ります。2週間に1回のペースでおこないましょう。

爪の水分を奪う角質を除去して爪を健康に

角質は、爪の生え際にうっすらと白くたまります。さほど目立つわけではなく、そのまま放置している人も少なくありませんが、角質がたまったままだと水分を奪うので、爪が乾燥し、もろくなります。

それを防ぐためにおこなうのが「爪の角質ケア」です。

角質ケアは、ネイルサロンでもおこなわれているメニューの1つ。自分でおこなおうとすると、それなりに技術と道具が必要で、時間もかかります。ところが、入浴中など角質がやわらかくなっているタイミングでおこなえば、プロでなくても意外とかんたんに角質を取ることができます。

角質をオフしたあとは、ハンドクリームかネイルオイルを塗って保湿しましょう。

余分な角質がなくなると、爪が丈夫になるだけでなく、爪自体に透明感が出て、きれいになります。角質ケアをおこなうついでに、爪の甘皮もやさしく押し上げておくと、爪が長く見えて一石二鳥です。

タイプ別
ワンポイントアドバイス

✦血不足タイプ

このタイプは栄養不足ぎみで、爪がもろい人が多いので、角質ケアをしっかりおこなって爪の乾燥を防ぎましょう。

✦栄養過多タイプ

このタイプは、角質がたまりやすい傾向にあります。週1回のペースで、意識的に角質ケアをおこないましょう。

✦ストレスタイプ

ストレスがたまると、自分のことはおざなりにしがち。角質ケアで爪がきれいになると、おのずと気分も上がります。

✦運動不足タイプ

このタイプは、爪が成長しづらい傾向があります。爪の成長をうながす意味で、ネイルケアとともに、軽い筋トレを生活に取り入れましょう。

✦女ホル減退タイプ

このタイプはもともと爪が乾燥しやすいので、角質をこまめに取って、爪をケアしてあげましょう。

イベント
当日

おでかけ前の
即効パウダーテクで
気になる部分を全隠し！

効果

- ☑ 手に透明感が出る
- ☑ 手がふっくらやわらかく見える
- ☑ 全体の印象が若々しくなる

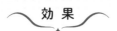

POINT

華やかな席には、ラメ入りやパール入りパウダーでキラキラ感アップ

HOW TO

①手の甲と指に、日焼け止めか化粧下地をまんべんなく塗ります。シミや血管浮きが気になる人は、①の後に、ベージュ系のコンシーラーを塗って目立たないようにしておきましょう。②その上から、ラメ入りやパール入りのパウダーをなじませます。

シミ、くすみ、血管浮きの手肌が、瞬時にマイナス5歳見え

手をきれいに見せるには、化粧用パウダーを使って、気になる部分を隠してしまうのが得策です。私自身もよく使うテクニックですが、手の甲に日焼け止めか化粧下地を塗り、適度なうるおいを与えたところに、ラメ入りやパール入りのパウダーをのせます。これで手のキメが整い、透明感が出ます。パーティーなど華やかな席に出るときは、こうしてパウダーを使えば、ゴージャス感を演出できるのです。

血管浮きが気になる人は、ベージュ系のコンシーラーで血管の青みを隠しておきましょう。血管の凹凸をなくすことはできませんが、色が目立たなくなるぶん、すべすべした若々しい見た目になります。本当に一瞬で手の雰囲気が変わるので、時間があるときにいろいろ試しておくのがおすすめです。

パウダーの代わりにファンデーションを使いたい人もいるかもしれませんが、ムラができてきれいに仕上がりません。また、手を洗ったらハンドクリームとパウダーを再度塗ります。その場でお直しができるよう、化粧ポーチに入れておくのを忘れずに。

デートなら〝やわらかさ〟を第一に

デートに出かけるときは、見た目の透明感に加えて、触ったときの「やわらかさ」も大切な要素となります。パートナーや気になる相手と、手をつなぐ可能性が大きいからです。

そこで、手がカサカサして固い人には「アルガンオイル」をおすすめします。アルガンオイルは、サハラ砂漠に生育する「アルガン」の樹の果実から採ったオイルで、皮膚をなめらかにする効果があります。

アルガンオイルがない場合は、尿素入りのハンドクリームでも代用OK。保水作用があって手にうるおいを与えてくれるほか、固くなった角質をやわらかくする働きもあるので、即効でしっとりふっくらした手にしてくれます。ただ、尿素の配合割合が高い（20％以上）のものを常用すると、肌を傷めます。「今日は勝負デート！」というときのリカバリーとして使うようにしましょう。

コラム

プログラムを無理なく習慣化する、ちょっとした工夫

この章で提案した１週間プログラムは、その後も習慣化して続けていけたらベターです。美しい手をキープし、全身の健康につながります。そこで気負わずに続けるためのヒントを３つ紹介します。

①ボーッと立っているときは必ず何かする

信号待ち、エレベーター待ち、電車待ちなど。何もせずに立っているだけではもったいない。お尻に力を入れるなど、だれにもバレずにできる下半身のエクササイズを。

②時間とお金で換算する

「毎日たった１分のストレッチをすれば、わざわざエステサロンや整体に行くための時間とお金を節約できる」と考えて、継続のモチベーションにしましょう。

③やらなかったときのデメリットを考える

「シミやシワだらけの〝オバサン手肌〟になるくらいなら、毎日のハンドケアくらいどうってことない」と、将来起こる大変なことを想定し、日々の選択をしましょう。

第4章

お悩み別

マイナス5歳をかなえるハンドケア

お悩み＋1

気になる爪の「タテ線」を消したい

Care

ネイルオイル＋爪押しで、指先の乾燥を防ぐ

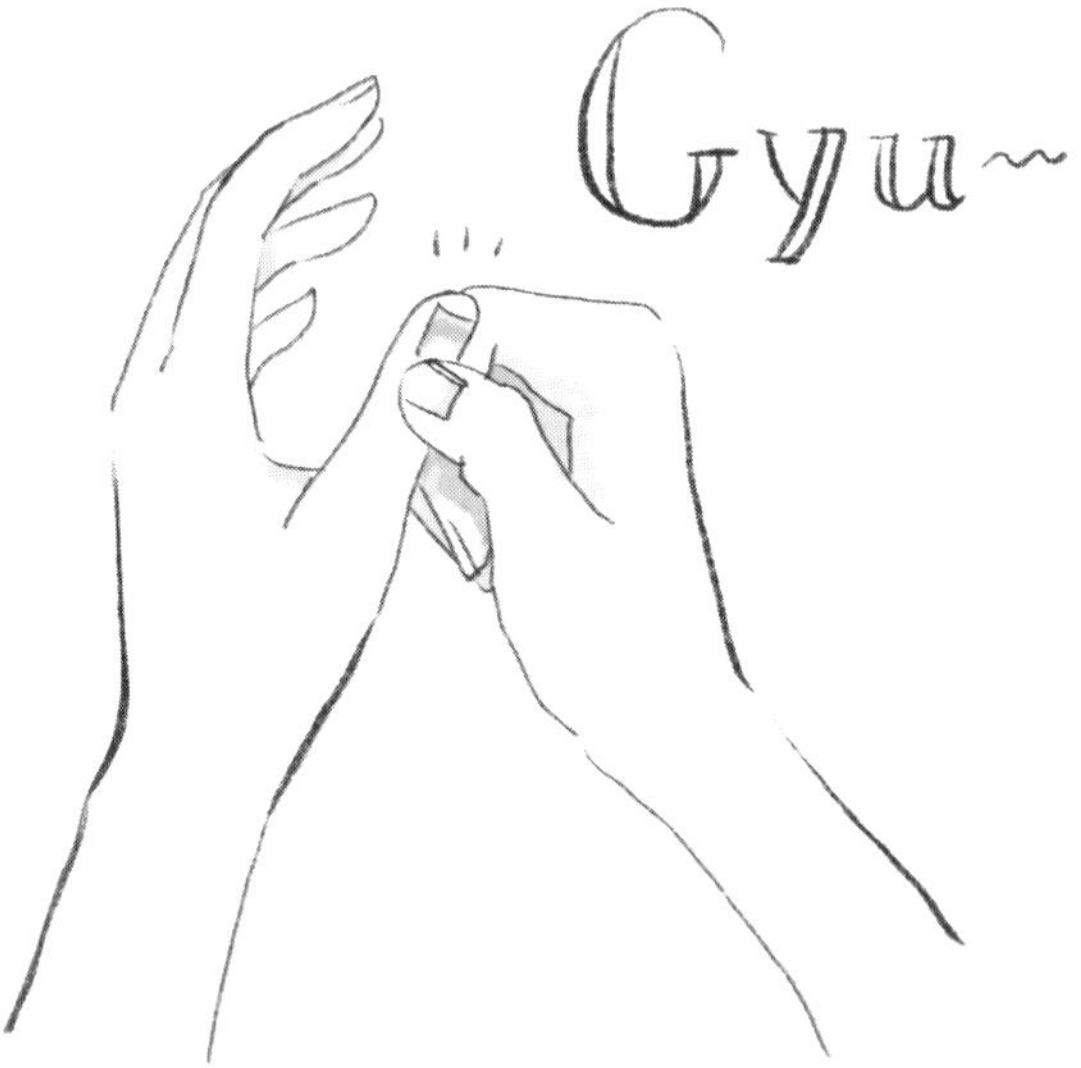

HOW TO

ネイルオイルを爪の生え際に塗り、爪の表面と爪のまわりをぐるっと囲むようにして塗り広げ、よくなじませます。次に、親指で爪の生え際をギュッと押して圧迫し、爪が一瞬白くなったのを確認したら、親指をパッと離します。

なぜ効くの？

タテ線の要因の〝乾燥〟を和らげることが先決

爪にできるタテ線。これには、いくつかの要因がからんでいますが、その1つが「乾燥」です。加齢とともに、手肌は水分を保持する力を失っていき、乾燥しやすくなります。これは爪のまわりも同様で、爪の生え際の皮膚が固くなると、その影響を受けて、爪に筋《すじ》が入るのです。

このタテ線が出ないようにするには、一にも二にも「保湿」です。ネイル専用の「キューティクルオイル」や「アルガンオイル」など、爪や指先の保湿アイテムを利用して、爪や爪まわりの皮膚が乾燥するのを防ぎましょう。

また、健康な爪をつくるための栄養が、指先までとどいていないことも考えられます。この場合、血流をうながすかんたんな方法として「爪の圧迫」があります。爪の根元を強く押すと爪が白くなり、パッと離すと瞬時に赤みが戻ります。この刺激により血流がうながされ、指先に栄養がとどきやすくなります。

お悩み・2

血管浮きを目立たなくしたい

Care

大豆イソフラボンをとって女性ホルモンの働きをサポート

HOW TO

毎日の食事で「大豆イソフラボン」が多く含まれる大豆製品（納豆、豆乳、豆腐など）を積極的にとるようこころがけましょう。間食に「ビタミンE」が豊富で抗酸化力の高いナッツ類や、発酵食品のチーズなどをとるのも効果的です。

なぜ効くの？

女性ホルモンの働きをうながして手のハリを取り戻す

年齢とともに女性ホルモンの分泌量が減少してくると、コラーゲンの働きが弱くなり、肌の弾力が低下してきます。とくに手の甲の皮膚は、顔と比べて厚さが3分の1ほどしかありません。そのため、肌の弾力がなくなってくると、血管や骨が皮膚から浮き出したように見えてしまうのです。

これは加齢とともに体内で起こる変化なので、食事を中心とした内側からのケアが重要になります。

まず、コラーゲンの働きをサポートする筆頭が「大豆イソフラボン」です。大豆イソフラボンは、女性ホルモン「エストロゲン」と似た働きをし、コラーゲンの生成を助けるといわれています。大豆イソフラボンが多く含まれる食品をとるよう、意識してあげましょう。サプリメントで上手に補うのもいい方法です。

さらに細胞の力を強くするには、良質な「油」も必要です。そこで、間食にナッツ類やチーズをおすすめしています。

お悩み＋3

指の関節が太くなってきた

Care

指ストレッチで関節に栄養をとどける

HOW TO

まず第３章「１週間プログラム」３・４回目に紹介した手のグーパー運動と手首ストレッチをおこないます。次に、指１本をぎゅっと包み込むようにしてにぎり、くるくるとねじります。左右それぞれ親指から小指まで順に、１本ずつねじっていきます。

なぜ効くの？

コラーゲンをエクササイズでいきわたらせる

指の関節の太さにも「コラーゲン」が大きくかかわっています。

指の関節にある「軟骨」は、指を曲げ伸ばしする際の刺激を受け止める、クッション役。この軟骨はおもにコラーゲンでできていて、コラーゲンが減ると軟骨もやせていきます。すると、それを補うように骨が変形し、関節が太くなっていくのです。

加齢とともに関節が太くなるのは、自然なこと。それをできるかぎり食い止めるには、軟骨の成分であるコラーゲンをサプリメントなどで補給することが先決です。ただ、軟骨には血管が通っていないため、ただサプリメントをとっただけでは、コラーゲンの成分を送りとどけることができません。

そこで、骨を動かして刺激を与えることが必要になります。指を曲げたり、伸ばしたり、ねじったり。こうすることで、コラーゲンが指先にまでとどきやすくなります。

実際、私のクライアントさんに、指の第一関節が曲がらない状態だった人がいますが、この指ストレッチで曲がるようになったケースがあります。

お悩み・4

くすみを取って白い手肌を取り戻したい

Care

手のマッサージでターンオーバーをうながしましょう

HOW TO

まず第３章「１週間プログラム」６日目に紹介した「ゴマージュ」で、表面の角質を取り除きます。次に、「１週間プログラム」２日目に紹介したハンドマッサージをおこないます。ここでハンドクリームを使うので、角質オフ後の保湿も同時にできます。

なぜ効くの？

血流をよくしてターンオーバー力を上げる

手肌の色がくすんで見えるのは、角質がたまっていることが原因と考えられます。まずは「ゴマージュ」を使って、角質をきれいに取り除きましょう。これだけで手の明るさが一段階、上がります。

そもそも、角質がたまるのは、血行不良のためにターンオーバーが遅くなっているから。そこで、手の血流をうながすために、ハンドマッサージをおこないます。

手の甲を押して圧をかけ、皮膚全体を動かすようにマッサージすると、皮膚の奥の「動脈」にまで刺激がとどきます。もちろん、皮膚の表面を流れる「静脈」も同時に刺激されます。栄養や酸素が指先までとどいて、老廃物もすみやかに回収されてターンオーバーのサイクルが正常になり、角質がたまりにくくなります。

第3章のタイプ診断で「栄養過多タイプ」の人は、糖化が原因で、手肌が黄色くくすみやすいので、糖化予防のためにお酢を飲むようにするとより効果的です。

お悩み・5

ハンドクリームを塗っても手がカサカサ…

Care

徹底的な保湿を。水と油を意識的にとりましょう

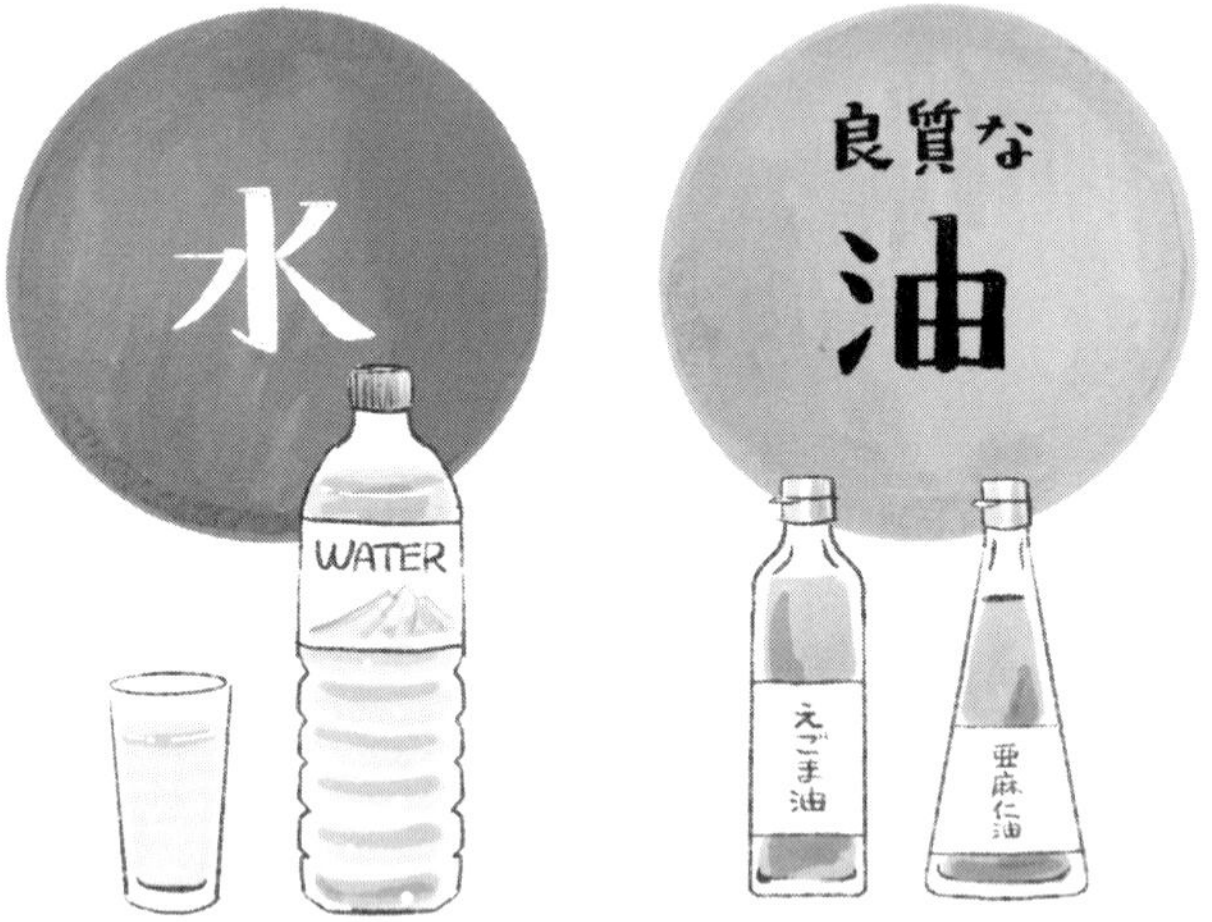

HOW TO 食事以外に、常温のミネラルウォーター、または白湯《さゆ》を飲むようにしましょう。1日1リットルほどが目安です。

また、良質な「油」を意識的にとるようにします。これは1か月ほど続けてみてください。

なぜ効くの？

からだの内側と外側から水分と油分を補ってキープする

若いころは、もちもちしたうるおいとハリのあった肌。加齢とともに、カサカサしてくるのは、なぜでしょう？　これは、からだの筋肉量が関係しています。筋肉が減ると、体内の水分を保持する力が弱くなっていくのです。

手の乾燥を根本的に改善するには、まず、適度な運動をすること。若いころの筋肉量を維持し、水分を保持できるからだづくりが基本になります。

そのうえで、意識的に補給してほしいのが「水」です。とくに白湯を飲むとからだが温まるので、むくみにくく、老廃物も流れやすくなります。

もう1つ欠かせないのが、良質な「油」です。肌の乾燥を訴える人は、からだが必要とする油が、意外なほど足りていません。亜麻仁《アマニ》油、エゴマ油、オリーブオイルなどがおすすめです。また、食事の際に「ＤＨＡ」「ＥＰＡ」が豊富な青魚、おやつにナッツやクルミ、チーズなどを選ぶようにします。

1か月ほど続けると、肌の感触が徐々に変わってくるのを実感することでしょう。

コラム

１杯のみそ汁が、手肌と爪を救う

美しい手肌づくりには、外側のケアと同時に、からだの内側からのアプローチも欠かせません。日々の食事で、必要な栄養素をとる。とくに重要なのは、良質な「たんぱく質」「ビタミン」「ミネラル」。そして「亜鉛」「鉄分」も必要です。

こう書き出すと、「そんなにたくさんの種類をバランスよくとるなんてムリ」と感じる人もいるかもしれません。ですが、これらを手間なく効率的にとれるのが、１杯の「みそ汁」なのです。

みそは良質なたんぱく質を含むと同時に、発酵食品でもあります。そこに具材として、季節の野菜や豆腐、油揚げ、肉や魚介類など、さまざまな食材を加える。すると、多くの栄養素を無理なくとれます。

そしてなんといっても、みそ汁を食べようとすることで、献立が自動的に「和食」になります。主食はごはん、副菜を１品つけよう、と考えるようになります。こうして自然と、栄養バランスのよい食生活に変わっていくのです。

第5章

自宅で、オフィスで…

いつでもどこでも〝ながら〟美ハンド・エクササイズ

自宅で

すきま時間に1分、スロースクワット

効果

- ☑ 血行をうながし、むくみ改善
- ☑ 肌のターンオーバーが上がる
- ☑ 手肌の透明感・うるおいアップ

HOW TO

ゆっくり腰を落とし、ゆっくりもとの姿勢に戻る

両足を肩幅ほどに広げて立ち、両手を前で組みます。

ゆっくりと腰を落とし、ひざが90度に曲がったところで、もとの姿勢に戻ります。30秒で腰を落とし、30秒でもとに戻る。かなりゆっくりしたペースでおこないます。

慣れてきたら、息を吸うのを止めて無酸素状態でおこなうようにすると、より筋肉がつきやすくなります。


なぜ効くの？

自宅でできる、もっとも効率的な筋トレ

スクワットは、大きな筋肉のついた下半身をダイレクトに刺激できるトレーニングです。1畳分くらいの狭いスペースでおこなえるので、場所を問わずにどこでも実践できます。ゆっくりと無酸素運動をおこない効率よく筋肉を維持して、必要な水分を保持できるからだをキープしましょう。

オフィスで

手の血行をうながす、肩甲骨はがしストレッチ

効果

- ☑ 肩甲骨のこりがほぐれる
- ☑ 指先まで血液がとどきやすくなる
- ☑ 全身の血流がよくなる

HOW TO

両手を後ろで組み、天井へアップ

まっすぐに立ち、両足を肩幅くらいに広げます。両手は後ろで組みます。腕をまっすぐにキープしたまま、上半身を前に倒します。さらに両手をゆっくりと天井に向かって上げ、無理のないところで止めて5秒ほどキープ。イスに座った状態でおこなってもOKです。

なぜ効くの？

肩と背中を心地よく伸ばして血行を改善

こり固まっている肩甲骨のまわりや背中を、心地よく伸ばします。立っておこなうと脚の裏側の筋肉が伸びて、全身の血行がよくなり、からだがぽかぽかと温まります。肩や背中、肩甲骨のあたりがこっていると、血液の流れがとどこおり、指先までスムーズにとどきません。この「肩甲骨はがしストレッチ」は、そうしたこりの改善につながります。

トイレで

肩こりにも効く、肩甲骨寄せストレッチ

①

②

効果

- ✓ 肩甲骨の動きがよくなる
- ✓ 肩こりがほぐれる
- ✓ 手の先まで血液が回りやすくなる

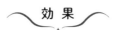

HOW TO

肩甲骨を寄せたり、手首を回したりして刺激を与える

①両腕を頭上に上げて、V字にします。ひじを曲げてゆっくり腕を下ろしながら、肩甲骨どうしを寄せていきます。できるところまで肩甲骨を寄せた状態で3秒ほどキープ。もとの状態に戻ります。これを5回ほどくりかえしましょう。

②もう1つの方法として、両腕を広げて手首を前後に回す、というストレッチもおすすめです。手首を回すとき、ひじの関節も同時に、前後に動かすようにします。こうすることで腕全体～肩までの筋肉や関節がほぐれ、肩こり解消に効きます。

なぜ効くの？

血液をとどこおらせる元凶、肩こりをやわらげる

肩こりがあると、心臓から送り出された血液が指先まで流れていこうとするのを、邪魔してしまいます。腕を大きく動かして、固まった肩甲骨をゆるめる。そうして可動域を広げてあげると、肩こりがほぐれやすくなります。

お風呂で

血液とリンパの流れを刺激する、二の腕マッサージ

効 果

- ✓ 腕全体の血流がよくなる
- ✓ リンパの流れがよくなる
- ✓ 腕のむくみとり

HOW TO

腕をつかんで「しごく」ようにこまかく動かす

片方の二の腕（上腕）をつかみます。上から圧をかけるようにやや強めにつかんだまま、①左右に回したり、②上下に動かしたりして、二の腕全体をマッサージします。感覚としては、腕を「もむ」のではなく、皮膚を「しごく」（腕をつかんだまま皮膚だけ動かす）ような要領です。次に、ひじの下（前腕）をつかんで、二の腕と同じ要領でマッサージします。これを両腕におこないます。入浴中におこなうと、効果アップ。

なぜ効くの？

全身が温まる機会に、腕の血のめぐりを改善する

指先まで栄養と酸素を送りとどけるには、皮膚の深部にある動脈の血流をよくすることが大切です。湯船にきちんと浸かると全身が温まり、血流もよくなります。そのタイミングで二の腕マッサージをすると、指先まで血のめぐりをよくしてくれます。

電車で立っているとき

下半身を鍛える、ぴったりひざ寄せ

効 果

- ☑ 心臓に血液を戻す筋力をつける
- ☑ 全身の血流がよくなる
- ☑ 手足の冷えが改善する

HOW TO

まっすぐ立ち、つま先を45度にひらく

まっすぐ立ち、かかとをくっつけます。つま先を45度にひらきます。その姿勢のまま、両ひざをくっつけます。

この体勢をとろうとしても、ひざがなかなかつかない人が多いので、ひざを寄せようとするほど、腹筋やお尻、太ももの筋肉に力が入り、筋トレ効果が得られます。

慣れてきたら「ひと駅ぶん」続けてみましょう。

なぜ効くの？

下半身の筋肉を鍛えて全身の血行を促進

心臓から遠い位置にある手足。どうしても血のめぐりが悪くなり、冷たくなりがちです。そこで、心臓に血液を戻すために、強い筋力をつける必要があります。

下半身には大きな筋肉がついているので、下半身を鍛えることで、全身の血行をうながしてくれます。

電車で座っているとき

つま先&かかとのアップダウンで、むくみとり

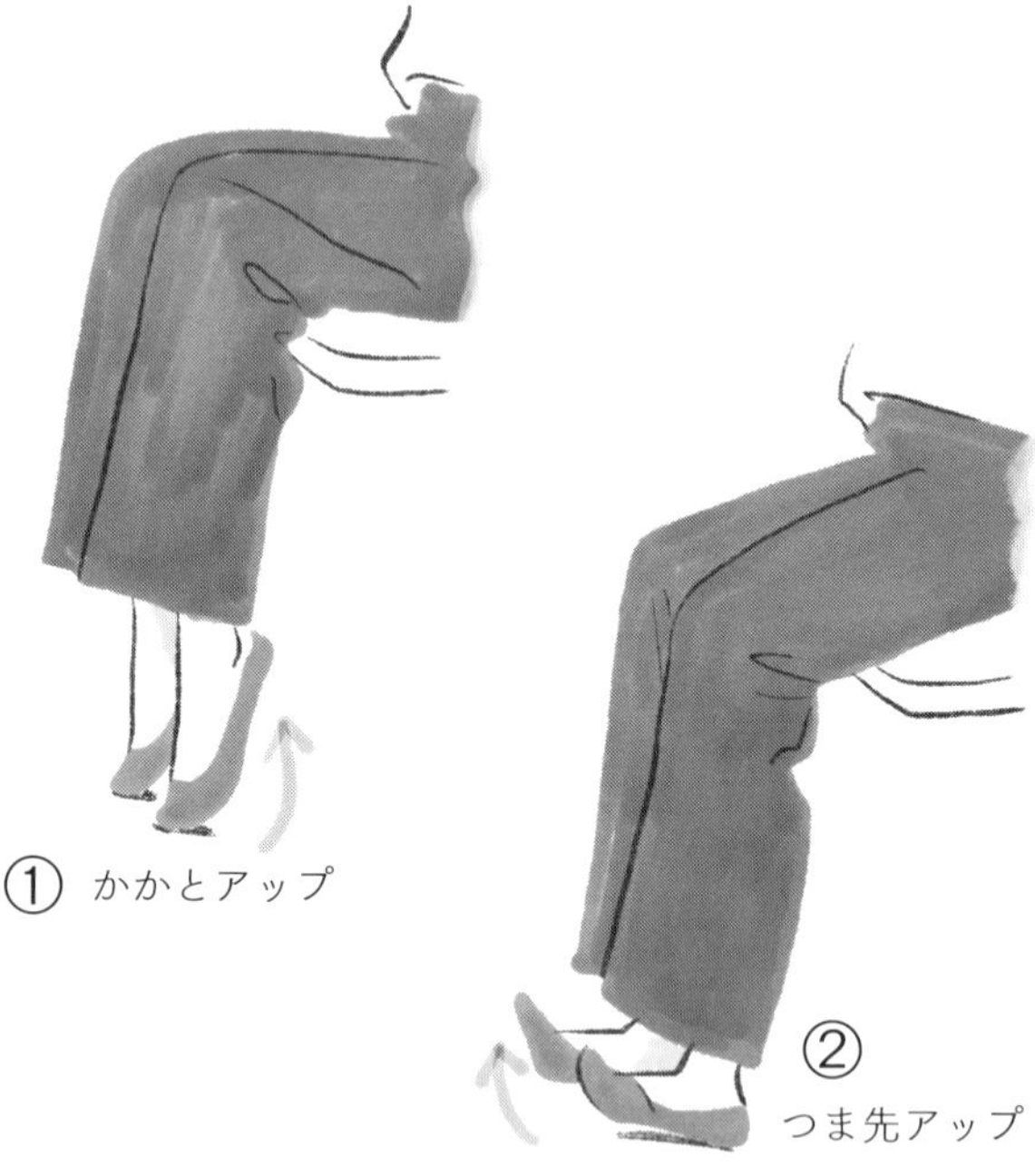

効果

- ☑ 足の血流がよくなる
- ☑ むくみがやわらぐ
- ☑ 全身の血流がよくなる

HOW TO

気持ちいいと感じる強さでおこないましょう

①座席に座って背すじを伸ばします。つま先を床につけたまま、かかとを上げて3秒キープ。すねや足首の前側を十分に伸ばします。

②かかとを床に戻して、次は、つま先を上げて3秒キープ。ふくらはぎや足首の後ろ側を十分に伸ばします。

①②を5セットおこないます。

なぜ効くの？

ふくらはぎのポンプ機能を高めて血行促進

ふくらはぎは「第二の心臓」とよばれる部位です。ふくらはぎがむくんでいると、足の血流もとどこおりがちになります。

そんなとき、つま先とかかとのアップダウン運動をおこなうと、ふくらはぎの筋肉が伸縮して、血流が改善されます。

コラム

紫外線対策は、
３点セットで徹底ブロック

手のシミやくすみは、ターンオーバーの低下で角質がたまっていることが大きな原因ですが、「紫外線」もまた大きな要因です。

最近では、紫外線がいちばん多い春〜夏だけでなく、１年中、ＵＶケアをする人が増えています。しかし、それは「顔」の話。「手肌」は案外、無防備な人が少なくありません。

手にシミやくすみができてから「これは大変！」と慌てても、遅いのです。

そうならないためにも、外出時は「日焼け止め」「手袋」「日傘」の３点セットを心がけましょう。

日焼け止めを数時間ごとにこまめに塗りなおしていれば、手袋はマストではありません。ただ、紫外線は、あらゆる方向から降り注いでいます。念には念を入れてブロックすると、手肌の老化を遅くして、きれいな手を保つことにつながります。

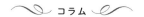

第6章

こうして人生は変わっていく

——「手肌の若返り」体験者インタビュー

ハンドケアで、へバーデン結節を克服。手のお悩みのプロを目指す

福井満子さん（56歳・エステティックサロン経営）

当初、自分の手にコンプレックスがあり、「写真を撮るのもいやだ」と言っていた福井さん。見違えるように美しい手肌へと変化したのを機に、今では自宅でサロンを開設。エステやハンドビューティーのプロとして歩み始めています。

私は以前、エステティシャンとしてサロンに勤めていました。自分のからだも心も美しくあることに興味があり、また、「美しくありたい」という女性を陰ながらサポートする仕事にやりがいを感じていました。

ところが、転機がやってきます。夫と2人で、無農薬野菜のオーガニックレストランをひらくことになり、夫から「エステの仕事はやめて、俺の仕事を手伝ってほしい」と言われたのです。私はエステティシャンの職をずっと続けていくつもりでしたが、夫の希望を受け入れ、仕事をやめました。

それからは、怒濤《どとう》のような忙しさでした。シェフの夫と2人で店を切り盛りするので、自分自身にかまう余裕がありません。皿洗いの際も、ゴム手袋をはめるのが面倒で、素手で洗っていました。

そんな生活が15年ほど続いたころ、手の小指の第一関節がうずくようになったのです。気のせいかなと思っていたら、赤く腫《は》れてきて、痛みが出るようになりました。それでもお店を休むことができず、痛みを我慢していました。

すると、症状はどんどん悪化し、とうとうすべての指の関節が腫れ、指が曲がらなくなったのです。整形外科を受診したところ、診断は「ヘバーデン結節《けっせつ》」と「ブシャール結節」。原因不明の病気で、手をよく使う人がなりやすく、薬で症状を抑えるか手術をするしか対処法がない、と説明されました。

いくつか整形外科を受診しましたが、答えは同じ。痛み止めを飲んでも、完全にはおさまりません。そこで整体にも通い、アイシング&温め療法などをおこないました。でも、期待したような効果は出ませんでした。

そんな日々が、2年以上続きました。私の手の指は、うまく動かなくなっていました。そのうえ、長年、素手で洗い物をしてきたからか、手肌がガサガサに荒れていました。それを見て、なんだか情けなくなってしまって……。

無農薬野菜にこだわったレストランをひらいて、私自身も栄養バランスや添加物には人一倍、気を遣ってきたつもりだったのに、全然きれいでも健康的でもないな、と。

そんなときに出会ったのが、加藤さんです。加藤さんは私の手を見て、

「まずコラーゲンを補ってみましょう。手のストレッチもおこなってみましょう。手の血流がよくなると、台所用洗剤による乾燥やガサガサが改善していきます」

と助言してくれました。

体内でコラーゲンをつくる力が年齢とともに低下するとのことで、サプリメントを活用しようと「フィッシュコラーゲン」を飲み始めました。そして、暇さえあればグーパー運動（P59）をするようにしました。

すると、ほんの1週間ほどで、固まってうまく動かなくなっていた関節が、かすかに動くようになったのです。

半年ほどたつと、うずくような関節の痛みもなくなりました。血流がよくなると手の調子がいいことがわかってきたので、下半身の筋肉を鍛えるためにスクワット（P96）も始めました。これを1年ほど続けたら、関節の腫れがひいて、指がまっすぐになり、完全に動くようになったのです。

病院を受診してもよくならなかった指の調子が、食事とサプリメントとストレッチをおこなうことで改善したのは、大きな自信になりました。

半分はあきらめていただけに、ハリの出た手肌やまっすぐに伸びる指を見て、からだからエネルギーがじわじわとわいてくるような、不思議な気分でした。

「やればできる！」

自分のやりたいことをやってみようという気持ちになったのです。

私の正直な気持ちを思い切って夫に話しました。

私はもう一度、エステティシャンをやりたい。多くの女性の願望をかなえるお手伝いがしたい。そして、実体験をふまえて「ハンドビューティーコンサルタント」（ハンドビューティーのプロ）になり、手がきれいになる喜びを女性たちと分かち合いたい、と。夫は最初、しぶしぶな様子でしたが、話し合いを重ねていくうちに了承してくれました。

いまは自宅内にサロンをオープンし、メニューの柱の1つに「ハンドケア」を掲げています。まだまだ学ぶことが多いのですが、今後は、自分と同じ悩みを抱えた人の「お悩み解決のプロ」としてトータルサポートを目指しています。

見た目とのギャップに悩んでいた日々がうそのよう

S子さん（43歳・システムエンジニア）

童顔で小柄でボーイッシュな風貌のS子さん。その見た目から想像もできないほど、手は黒くてゴツゴツしていました。それが3か月間のハンドケア後は、SNSで自分の体験を発信し、悩んでいる側から相談に乗る側へと大変身しました。

◆◆◆

まずは、多くの人に私の手のビフォーアフターを見てほしいです（巻頭参照）。黒くくすんでゴツゴツした手から、3か月ほどで、白くふっくらとした手に変化しました。

私は童顔で、身長は150㎝ほど。「少年」のような風貌をしています。そのせいで年齢よりもはるかに若く見られることが多いのですが、「手」だけはなぜか老けていて、プラス20歳くらいに見えます。そのことが、ずっとコンプレックスでした。

手がゴツゴツしている原因の1つは、アトピーです。小さいころから、季節を問わず手が乾燥し、すぐにアカギレができてしまうのです。アトピーゆえに角質がたまりやすく、皮膚も固くなった状態でした。

それがいやでたまらないのに、どこかあきらめているところがあり、特別なケアはしていませんでした。肌の保湿や食事などいろいろやってきて、一度は肌がきれいになっても、維持はできなかったからです。

それにシステムエンジニアという仕事柄、1日の労働は平均10時間、睡眠は3時間という毎日で、手のケアまで気が回らなかったのも理由です。

あるとき、以前から知り合いだった加藤さんが「ハンドビューティーメソッド」を開発したと聞いて、相談してみました。すると、私の手肌の状態と、体質診断結果を合わせて、ハンドケアの方法について丁寧にアドバイスしてくれました。

まずは、からだの内側からのケアが必要だということ。私の体質は「栄養過多タイプ」と「ストレスタイプ」だったのですが、たしかに生活習慣はほめられたものではありませんでした。仕事が忙しいため食事時間は不規則。コーヒーを1日に何杯も飲み、仕事の合間にチョコレートや甘いお菓子をだらだらとつまみ、夕食にパスタや菓子パンなど手軽なものばかり食べていました。

加藤さんから「糖質をとりすぎると、体内で糖化が進み、手を老化させる」と聞いて、主食に玄米を取り入れるように変えました。コーヒーは1日2杯までにして、代わりにハーブティーか白湯を飲むようにしました。間食もナッツ類やチーズに変えました。さらに、肌のターンオーバーを上げるため、プロテインを飲み、サプリメントでコラーゲンと水素をとりました。水素には炎症を抑える作用があるとのことで、すすめられたのです。

そして外側からのケアは、とにかく保湿。アトピーの人はもともと皮膚が薄く、「エラスチン」という保湿成分も少ないため、とても乾燥しやすいのだそうです。そこでお風呂上りに、手に化粧水をつけてからハンドクリームを塗るようにしました。それまでの私はシャワーですませてしまうことが多かったのですが、週に1～2回はゆったりと入浴をして、リラックスを心がけるようにしました。

こうして生活習慣全般を見直しながらハンドケアを続けたところ、黒くくすんでいた手肌が少し明るくなってきました。さらに、アトピー特有の固い皮膚をやわらかくしてくれたのが「アルガンオイル」です。寝る前にアルガンオイルを塗るようにしたら、皮膚が日に日にやわらかくなるのがわかりました。

からだの内側と外側からケアを続けたことで、ずっと悩んでいた〝オバサン〟の手が、たった3か月で白くてふっくらとした手に変わったのです。それだけでなく、ずっとうっとうしい思いをしてきた花粉症の症状が軽くなり、重かった生理痛が気にならなくなりました。

手がきれいになると、自分でも予想していなかったやる気がわいてきました。その1つが、SNSです。それまではあまり熱心ではありませんでしたが、どうしても手の写真をアップしたくなって……。自分の体験談なども投稿したら、同じ悩みを抱える人から相談が寄せられるように。相談に乗るうちに、どれだけ多くの人が手にコンプレックスを抱いているかがわかってきました。

私の体験からいえることは、どんな手肌もきれいになるということ。ちゃんとケアをしていけば、だれでも美しい手を取り戻せます。それを1人でも多くの人に発信できたらと思っています。

好きな男性に会いに行く勇気をくれたのは、日に日に若返る手でした

M美さん（43歳・事務職）

以前、恋愛でつらい経験をし、「自分に自信を持ちたい」と私のハンドビューティー講座に通い始めたM美さん。手肌がきれいになるにしたがって自信を取り戻しました。好きな男性ができ、毎月の講座のたびに、全身から幸せオーラがでています。

◆

私には今、好きな人がいて、毎日にときめきを与えてくれています。彼と出会ったのは、十数年ぶりに出席した同窓会。それ以来、月1回デートをしています。

実は以前、私は10歳ほど年下の男性と付き合っていました。一緒にいてとても楽しかったのですが、相手が若いので、いつも心のどこかで「〝オバサン〟に見られたくない」という焦りのようなものがあったんです。

それが的中したというか……ある日、突然「ほかに好きな人ができた」と別れを告

げられました。しかも、相手は私よりずっと若い女性。それがショックで、「結局〝オバサン〟ではダメなのか」と、女としての自信を失ってしまいました。

そんなとき、加藤さんのハンドビューティー講座の存在を知りました。いかにも〝オバサン〟な自分の手がきれいになったら、何かが変わるかも？　そう思い、受講を決めました。

ところが、効果は予想以上でした！　年齢相応だったハリのない手が、みるみる変わっていきました。手がきれいになることが、こんなに前向きな気持ちにしてくれるとは思っていませんでした。

そのせいか、毎年案内状がとどく同窓会に、ふと「今年は出席してみようかな」という気分になったのです。

そこで久々に再会したのが、Ａさんです。彼の顔を見た瞬間、思わずドキッとしました。会話が弾んで楽しい時間を過ごし、最後にＬＩＮＥを交換しました。

住んでいる場所が離れているので、いわゆる「遠距離」ですが、私から思い切って「また会いたい」とメールしたところ、すぐにＯＫの返事。月１回のペースで彼と会っています。

ここぞとばかりおしゃれをしても、手が荒れていると台無し……。でも、手がきれいなら、洋服に負けることはありません。気後れすることなく、彼の前に手を差し出すことができます。

この関係が今後どうなっていくかは、まだわかりません。

でも、きれいになった手が、私に自信を取り戻すきっかけと、彼と会う勇気をくれたことは間違いありません。

おわりに――手に現れた老化のサインに気づいて

「ハンドビューティーで、手肌の若返りだけでなく、全身の美と健康を手に入れ、生涯にわたり身体的自立が可能な人を増やす」

これは、私が代表を務める「一般社団法人日本ハンドビューティー協会」が目的としていることです。

日本は高齢化社会の真っただ中。2020年に65歳以上で介護が必要な人は725万人、2040年には988万人に増加する見込みです（2018年経済産業省「将来の介護需要に対する高齢者ケアシステムに関する研究会」報告書より）。

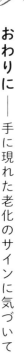

私が「手」から全身までのアンチエイジングをかなえるハンドビューティーを広めているのは、このような日本の厳しい現状に少しでも貢献したいという思いからです。

介護は他人ごとではありません。介護される本人もですが、大切な家族の人生までも変えてしまう可能性があります。

老化が早く始まる「手」をケアすることで、全身の健康につながるハンドビューティーをキッカケに、介護を未然に防ぐからだをつくっていただきたいと思っています。


私の父は、ひとりで祖母の介護をしています。

母は、私が子どものころに他界し、父は、男手一つで私と兄を育ててくれました。自分自身のことは後回しで、私たちを育てることが優先。そんな父に対して私は「定年退職後は自分のために生きてほしい」と願っていました。

しかし、退職後の父は、自分の親の介護に明け暮れているのです。たまに私が実家へ帰省すると、昔は声を荒らげたことがなかった父が、介護のストレスからか、暴言を吐くこともあります。

介護する側もされる側も、どちらもその状況を望んでいるわけではないと思います。誰が悪いわけでもありません。

突然、病気になったり寝たきりになったりするわけではなく、からだはその前からサインを出しているはずです。そのサインに気づき、からだのケアをしていれば、もしかすると悪化しないで済んだかもしれません。

それらのサインが、「手」にはいち早く現れます。

「手の老化は年だから仕方がない」ではなく、自分のからだが、「手先まで血がめぐっていないよ。血行不良だよ。このままだと、不調や病気になるかもしれないよ」と知らせてくれています。手の老化を感じる女性が、それらのサインに気づき、手遅れになる前にケアを始めていただきたいと思っています。

今の自分のからだは、過去の自分の選択でできています。ほかの誰のせいでもありません。これからのからだは、今日からの自分の選択で変わります。日々の少しの習慣が未来を変えます。

私は自身の体調不良から多くのことを学びました。健康を失うと、たくさんの人に迷惑がかかり、人も、仕事も、お金も、自分の命までも失う可能性がある、と。

自分の「手」に現れたサインに、自分自身で気づいてほしい。多くの人に、その思いを伝えたい。そうした願いから、私は「手肌の若返り」の指導者を育てるため、「ハンドビューティーコンサルタント養成講座」を始めました。

現在、私と同じ想いを持ったハンドビューティーコンサルタントが全国にいます。各地で、手の老化に悩む女性の力になってほしいと願っています。

最後になりましたが、担当の石井智秋さん、手島智子さんをはじめとする青春出版社の皆様、本書の出版の機会をくださりありがとうございました。また、本書の出版を支援してくださった潮凪先生、ライターの関根利子さん、関係者の皆様に深く御礼申し上げます。

この本を手に取ってくださった皆様に心から御礼申し上げますとともに、手が美しく健康でイキイキとした女性が増えることを心から願っています。

加藤由利子

本書の読者のみなさまへ

無料特典

特典その1

セミナー無料ご招待

「手の若返り」のプロになる講座説明会&体験会（通常は有料）に、
本書の読者のみなさまを無料ご招待いたします。

特典その2

小冊子プレゼント

本書の読者のみなさまに向けて特別に作成した、
ハンドケア情報の小冊子（電子版／PDF形式）を
プレゼントいたします。

＜応募方法＞

下記「LINE@」にご登録いただき、
①「セミナー無料招待希望」、
または②「小冊子希望」とメッセージを送ってください。
①②両方をご希望いただくことも可能です。

日本ハンドビューティー協会
公式LINE@ ID：@jeh7294m

＜締切＞

2020年12月31日（木）まで

著者紹介

加藤由利子

日本ハンドビューティー協会 代表理事。日本初、「手肌の若返り」の専門家。約10年間でネイルサロン6店舗を経営し、2万人以上の女性の手を見てきたなかで、手が老化する本当の原因を分析。体質改善による手の若返り方法を明かした「ハンドビューティー（HB）メソッド」を開発。セミナーや個人コンサルティングで指導している。また、HBコンサルタント養成校を設立。関東だけでなく全国で講座を開講し、指導員を育成中。手肌だけでなく、からだ全体の美と健康を手に入れ、生涯にわたり身体的自立が可能な人を増やすことを目的としている。

日本ハンドビューティー協会
公式サイト
https://www.handbeauty.com/
公式LINE@ ID:@jeh7294m ⇒

「美《うつく》しい手《て》」がすべてを引《ひ》き寄《よ》せる

2019年 9 月 5 日　第 1 刷

著　　者　加《か》藤《とう》由《ゆ》利《り》子《こ》
発 行 者　小澤源太郎

責任編集　株式会社 プライム涌光
電話　編集部　03(3203)2850

発 行 所　株式会社 青春出版社
東京都新宿区若松町12番 1 号 〒162-0056
振替番号　00190-7-98602
電話　営業部　03(3207)1916

印　刷　共同印刷　　製　本　フォーネット社

万一、落丁、乱丁がありました節は、お取りかえします。
ISBN978-4-413-23128-2 C0077